よんでワクワク!
おはなし漢字《かんじ》じてん

漢字《かんじ》の国《くに》の大《だい》ぼうけん

2《に》年《ねん》生《せい》

保護者の方へ

この本は、漢字の学習に興味を持ってきたお子様が、より漢字に親しむことができるよう、漢字をキャラクターにしています。

小学校二年生で学習する百六十字の漢字が、個性あふれるキャラクターになって、楽しい冒険仕立てのストーリーで登場します。

お話の中では、それぞれの漢字のキャラクターが、それぞれの意味にちなんだ活躍をします。

読んでいくうちに、自然と漢字に興味や親しみを持つだけでなく、漢字の意味や形も知らず知らずのうちに覚えていくことができます。

また、本の後半では、二年生で習う漢字辞典を掲載しているので、漢字の正しい形や、使い方も学ぶことができます。

おうちの方も、ぜひ、お子様と一緒に漢字の世界を楽しんでください。

もくじ

ヒカルとマキは小学校《しょうがっこう》二年生《にねんせい》。
ある日《ひ》、公園《こうえん》にあそびに来《き》たら、みょうな生《い》きものが、
ブランコをこいでいました。

あれ？ あそこにいるのはカンジュウだよね？
本当《ほんとう》だ！
▲マキ　▲ヒカル

ヒカルとマキは、一年生《いちねんせい》のときに、ふしぎな漢字《かんじ》の国《くに》に
行《い》って、そこで出会《であ》ったカンジュウたちと

ぼうけんをしたことがありました。
カンジュウとは、漢字《かんじ》のせいれいのことで、
それぞれの漢字《かんじ》にかんけいした力《ちから》をもっています。

やあ。ヒカルとマキだね。
ぼくの話《はなし》を聞《き》いてくれるかい？
じつは、漢字《かんじ》の国《くに》で
大《だい》じけんがおきているんだ！

▲聞

「大《だい》じけんて、いったい何《なに》？」
マキがたずねると、
「まずはいっしょに
漢字《かんじ》のせかいに行《い》こう。」と言《い》って、
古《ふる》い紙《かみ》をヒカルとマキにわたしました。
古《ふる》い紙《かみ》には、地図《ちず》がかかれていました。
「シマジマしょとう……？」
ヒカルが地図《ちず》を読《よ》むと、
なんと地図《ちず》から光《ひかり》が出《で》てきて、
ヒカルとマキの目《め》が
ぐるぐると回《まわ》り……。

シマジマしょとうの地図
ハジッコしま
町《まち》
おもちゃ工場《こうじょう》
りょ行会社《こうがいしゃ》
町《まち》
市場《いちば》
学校《がっこう》
ニコメしま
レストラン
村《むら》
みなと
まほうつかいの
とう
ふし
木《き》の
なる
つりばし
どうくつ
まほうつかいのしま
ミッツメしま
すなはま

二人《ふたり》が目《め》をあけると、そこは漢字《かんじ》の国《くに》。
どこかの町《まち》のようで、まわりにカンジュウが
何人《なんにん》もいます。

ぼくたち、また漢字《かんじ》の国《くに》に来《き》たんだね。
でも、前《まえ》に来《き》た場《ば》しょとはちがうみたいだ。

あれ？　さっきのカンジュウさんは？

気《き》づくと、さっきのカンジュウがいません。
二人《ふたり》はとにかく、近《ちか》くにいるカンジュウたちに
話《はなし》を聞《き》くことにしました。

1しょう

ハジッコしまの名《めい》たんてい

このしょうに出《で》てくる漢字《かんじ》は、100 ページからの「漢字《かんじ》キャラ図《ず》かん」
101 ～ 122 ページでもしょうかいしています。

1話《わ》

大《だい》じけんって、何《なに》？

どうやらここは、シマジマしょとうのしまの一《ひと》つ、ハジッコしまというところのようです。

ああ、本当《ほんとう》に頭《あたま》がいたい。
こまったことがおきているんだよ。

ああ、いやになる。
かみの毛《け》をとかす
気《き》にもならない。

この町《まち》では、みんなの
え顔《がお》がうしなわれて
いるんだ。

きみたちが来《く》るのを
首《くび》を長《なが》くしてまっていたよ！

「これだけじゃ何《なに》がなんだかわからないよ。
いったい、このしまで、何《なに》が
おきているんだろう？」
ヒカルとマキは首《くび》をひねりました。

▲顔

◀首

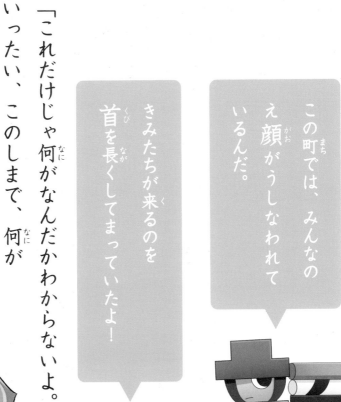

ヒカルとマキが町《まち》の中《なか》を歩《ある》いていると、だれかが近《ちか》づいてきました。

「ねえ、いったいこのしまで何《なに》がおきているの？」

ヒカルが聞《き》くと、

みんなが何《なに》を心《こころ》から心《しん》ぱいしてるかですって？
それは、わたしたちが漢字《かんじ》の力《ちから》をなくしてしまっていることよ。
◀心

カンジュウは、自分《じぶん》の漢字《かんじ》にかんする力《ちから》をもっています。

ところがさい近《きん》、なぜかその力《ちから》をなくしてしまうものがふえているそうなのです。

オレは体《からだ》をきたえるのが大《だい》すき！
それなのに、
さい近《きん》、体《たい》そうをするだけで、
つかれちまうんだ。

体▶

おいらも自《じ》まんのきれいな声《こえ》が
出《で》ないのさ。はっ声《せい》れんしゅうを
してみようか？
あ〜、あ〜、あ……ぐほっ。

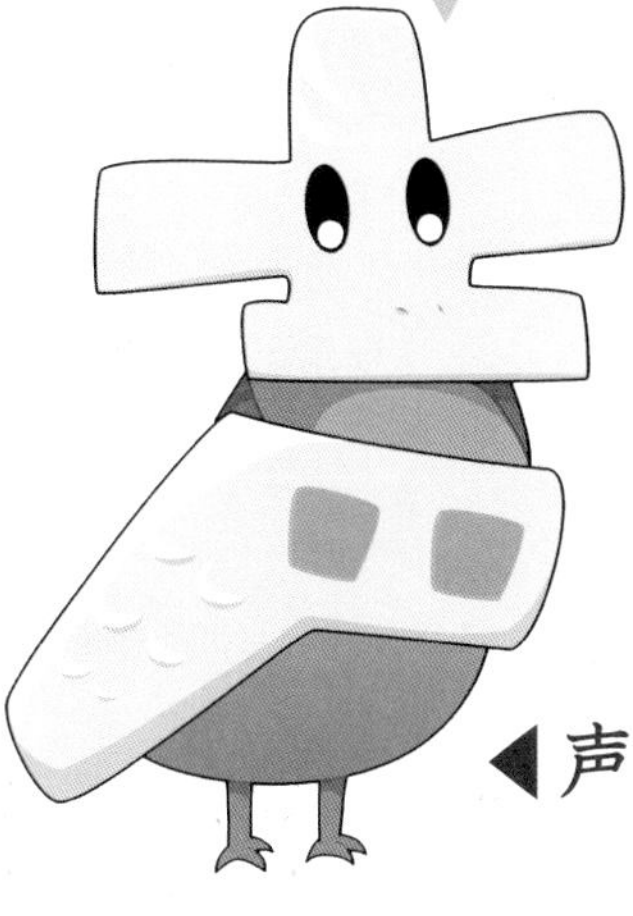

◀声

ヒカルとマキは、ほかのカンジュウにも
話《はなし》を聞《き》こうと思《おも》いました。

おや？　この大《だい》じけんを
かいけつしてくれるのかい？
何《なん》て親《しん》切《せつ》な人《ひと》。
ぼくたち親《おや》子《こ》からおれいを言《い》うよ。

オレの友《とも》だちなら、何《なに》か
知《し》っているかもしれないな。
親《しん》友《ゆう》のオレからたのんであげるよ。

▲親

◀友

ヒカルとマキは、「友《ゆう》《とも》」のカンジュウから、たびの家《か》ぞくをしょうかいされました。

漢字《かんじ》の読《よ》み

漢字《かんじ》の読《よ》み

わたしは父《ちち》親《おや》です。たびをしているので、いろいろな話《はなし》を知《し》っていますが、じけんの話《はなし》は知《し》りませんね。

わたしは母《はは》親《おや》です。子《こ》どもたちなら何《なに》か知《し》っているかもしれませんね。

◀父

▲母

ヒカルとマキは、たびの一家《いっか》の子《こ》どもたちに話《はなし》を聞《き》きました。すると、年《ねん》れいのじゅんを正《ただ》しく当《あ》てられたら、じけんの手《て》がかりを教《おし》えてくれると言《い》います。

わたしは姉《あね》。
兄《あに》より年下《としした》だよ。
▲姉

わたしは妹《いもうと》。
弟《おとうと》よりも年上《としうえ》だよ。
▲妹

ぼくは兄弟《きょうだい》の兄《あに》。いちばん年上《としうえ》さ！
ぼくは兄弟《きょうだい》の弟《おとうと》。もう、答《こた》えはわかるはずだよ。

▲兄

▲弟

さて、年《ねん》れいのじゅんは？

① 兄《あに》→姉《あね》→妹《いもうと》→弟《おとうと》

② 姉《あね》→兄《あに》→弟《おとうと》→妹《いもうと》

答《こた》えは①。
正《せい》かいしたね。
それじゃあ、手《て》がかりを知《し》ってる
カンジュウを教《おし》えてあげる。

そう言《い》って、つれてきてくれたのは、ハジッコしまのおもちゃ工場《こうじょう》。
「弟《だい》《おとうと》」のカンジュウの話《はなし》では、工場《こうじょう》ではたらくカンジュウの中《なか》に、じけんについて何《なに》かを知《し》っているものがいるらしいのです。

ぼくは
ざいりょうを
入《い》れたそりを
引《ひ》っぱるのが
しごと。

◀切

オレは
ざいりょうを
まっ二《ぷた》つに切《き》るぞ。
大《たい》切《せつ》なしごとだ。

◀引

作▶

ワシはさい高《こう》の
おもちゃを作《つく》るよ。
工《こう》作《さく》が何《なに》より
すきなんだ。

わたしは工場《こうじょう》を
見《み》回《まわ》るのがしごと。
そういえば、
じけんのことを
一《いっ》回《かい》聞《き》いたことがある。

回▶

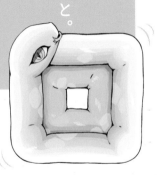

2話《わ》 ニコメしまへ！

「回《かい》《まわ》」のカンジュウによると、じけんを知《し》っている人《ひと》は、
ニコメしまに行《い》ったらしいのです。

ニコメしまに行《い》くには、一《いっ》回《かい》はしを
わたるんだ。はしをわたるには、
りょ行《こう》会《がい》社《しゃ》で「きょか書《しょ》」を
もらわないといけないぞ。

そこで、ヒカルとマキは、りょ行《こう》会《がい》社《しゃ》に行《い》きました。

よく来《き》ました。
ご用《よう》は
何《なん》ですか？

▲来

ニコメしまに
行《い》きたい？

なら、

「通《つう》行《こう》きょか書《しょ》」

を出《だ》そう。

行▶

◀帰

会▶

わたしたちの
会《かい》社《しゃ》にようこそ。
会《あ》えて
うれしいです。

こっちに帰《かえ》るときは、
べつのきょか書《しょ》が
いるよ。
帰《かえ》り道《みち》には
気《き》をつけて。

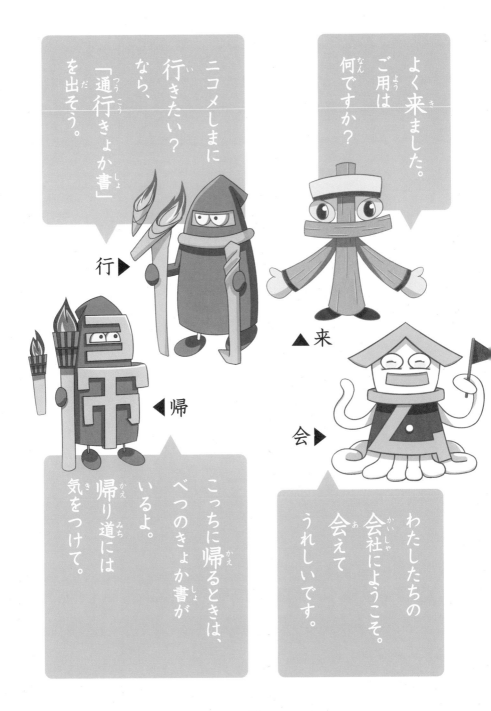

りょ行《こう》会《がい》社《しゃ》で「通《つう》行《こう》きょか書《しょ》」をもらった
ヒカルとマキは、はしまでやってきました。

おっと、ここで止《と》まって。
今《いま》、はしを走《はし》り回《まわ》る人《ひと》がいて、
通《つう》行《こう》は中《ちゅう》止《し》になってます。

このはしは歩《ある》いてわたるのがルール。
ぼくは、さん歩《ぽ》をしていただけ
なんだ。

はしを走《はし》っている「走《そう》《はし》」のカンジュウは
だれでしょう。このページにいるよ。

走《はし》ってわたると楽《たの》しいよ。
さあ、ぼくときょう走《そう》
しようよ!
「通《つう》行《こう》きょか書《しょ》」を持《も》ってるね。
走《はし》り回《まわ》っているカンジュウを
つかまえたら、
はしを通《とお》っていいよ。

「走《そう》《はし》」のカンジュウをつかまえて、ぶじにはしをわたることができました。

ニコメしまにつくと、ヒカルとマキは四人《よにん》の学《がく》しゃに出会《であ》いました。

じけんの手《て》がかり？　考《かんが》えてもわからないよ。
聞《き》いたかもしれないけど、思《おも》い出《だ》せないなあ。

▲思

▲考

ぼくたち四人《よにん》がしゅう合《ごう》して
いろいろな話《はなし》を合《あ》わせて
考《かんが》えてもよくわからないんだ。

クイズの答《こた》えを当《あ》てるみたいに
かんたんにはいかないなあ。
てき当《とう》に答《こた》えるわけにはいかないし。

けっきょく、手《て》がかりは見《み》つかりません。
ヒカルとマキはがっかりしました。

◀当　▲合

ヒカルとマキが、ニコメしまをとぼとぼと歩《ある》いていると、
だれかが二人《ふたり》をよんでいます。

やあ、きみたち！
ぶじに来《き》たんだね！

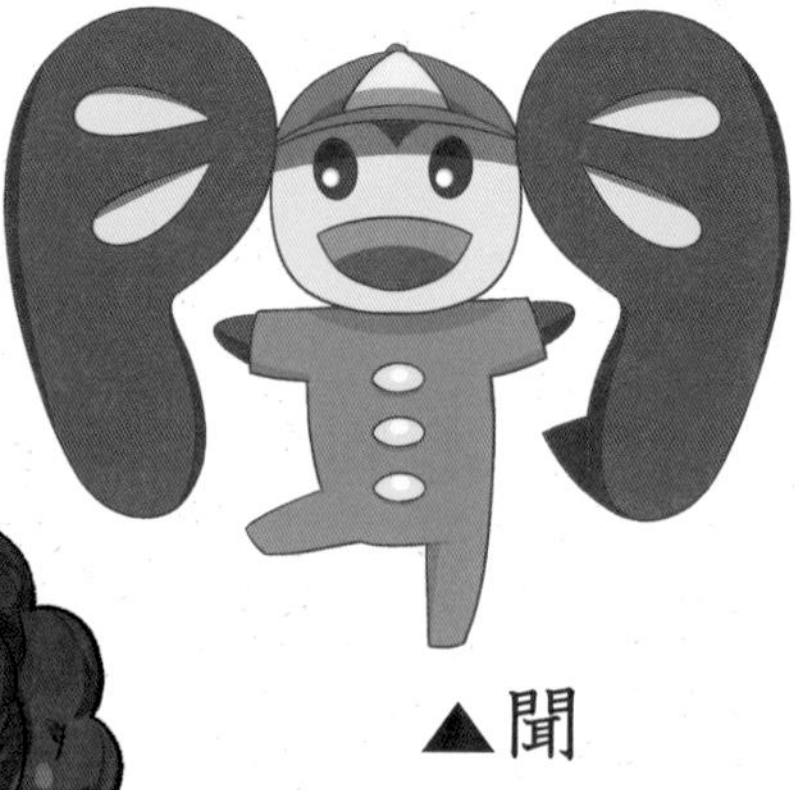

▲聞

なんと来《く》るときに
はぐれてしまったカンジュウでした。

ぼくは新《しん》聞《ぶん》記《き》しゃなんだ。
人《ひと》から話《はなし》を聞《き》くのがとくいなのさ。

「聞《ぶん》《き》」のカンジュウは、ニコメしまのカンジュウたちに
しゅざいをしていました。

ぼくの話《はなし》を
聞《き》きたいの？
どんな話《わ》だい
がいい？

▲話

ぼくは、鳥《とり》の鳴《な》きまねが
とくいだったんだけど、
できなくなっちゃった。

◀鳴

「鳴《めい》《な》」のカンジュウが
漢字《かんじ》の力《ちから》をなくしたと
言《い》うけれど、ぼくも
言《こと》ばをわすれること
がふえたな。

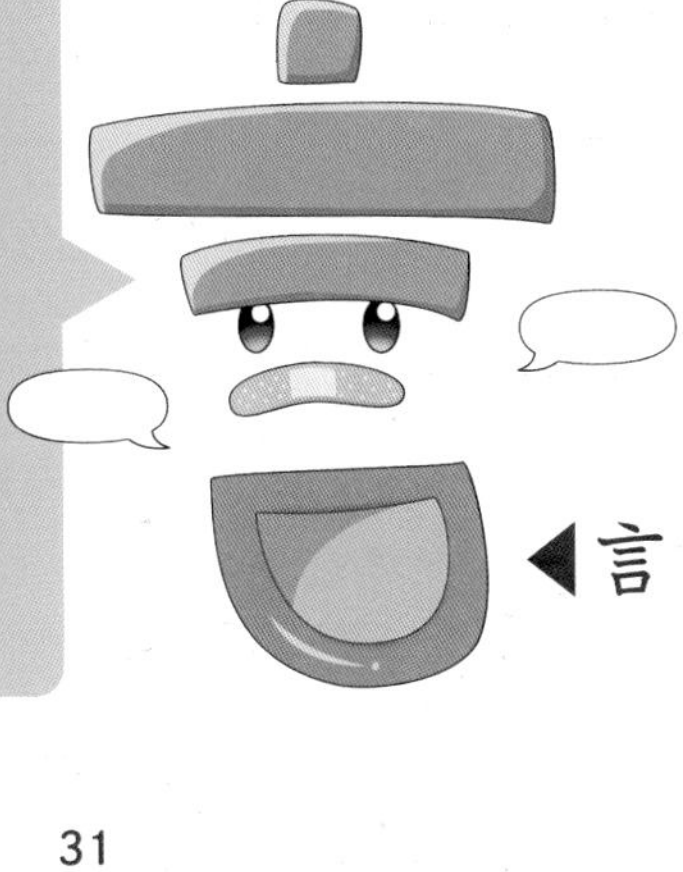

◀言

ニコメしまでも、漢字《かんじ》の力《ちから》をなくしているカンジュウがいるようです。でも、どうしてそうなったのか、その手《て》がかりはなかなかつかめません。

ヒカル、マキ、たんていになって、
ぼくといっしょにこのじけんを ときあかそう！

やあ、きみたち。
手《て》がかりをつかむなら、
人《ひと》のあつまる市《いち》場《ば》に行《い》くといいよ。

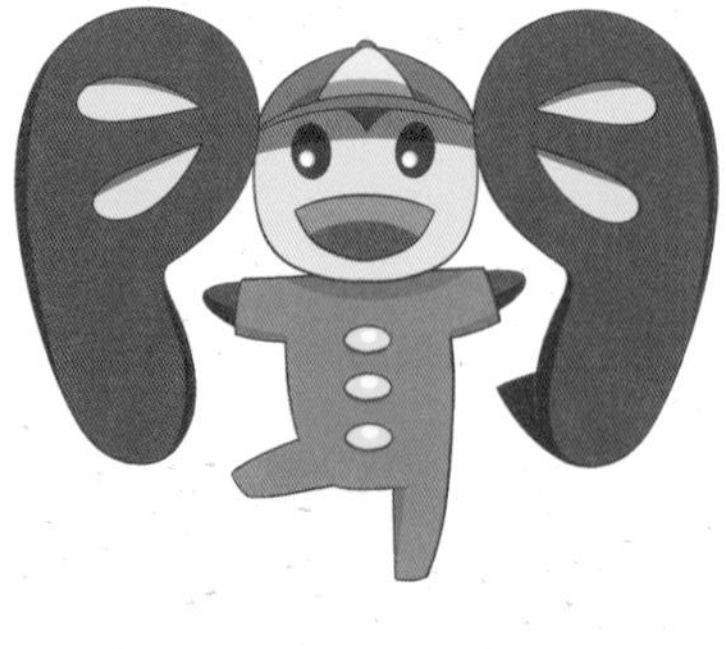

◀市

ヒカルとマキは、市《いち》場《ば》に行《い》きました。

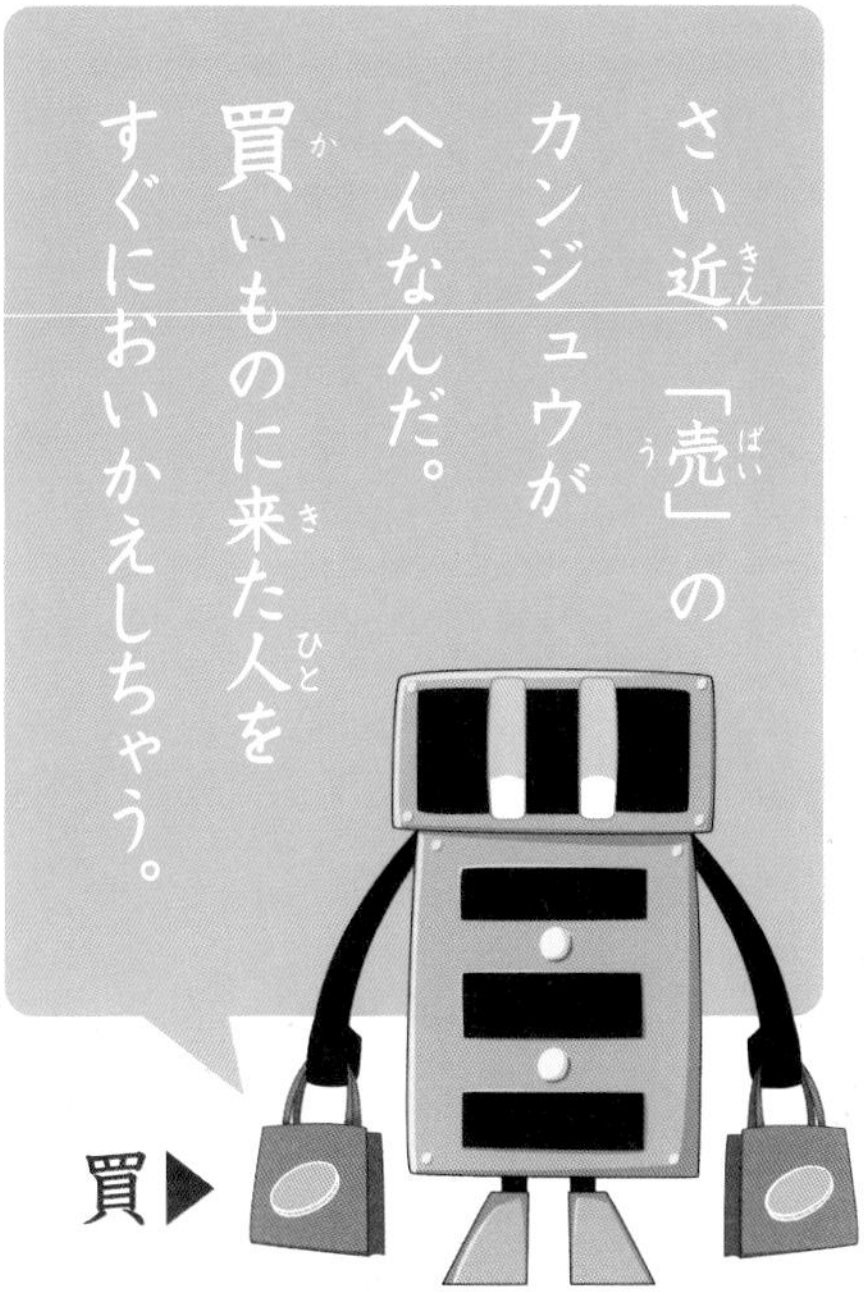
さい近《きん》、「売《ばい》《う》」の
カンジュウが
へんなんだ。
買《か》いものに来《き》た人《ひと》を
すぐにおいかえしちゃう。
買

これを売《う》って
くれって？
今《いま》、しょう売《ばい》をする
気分《きぶん》じゃないんだ。
売

オレに何《なに》か用《よう》？
用《よう》じがないなら
声《こえ》かけないで。
用

「売《ばい》《う》」のカンジュウ
がへんなので、
おみせの当《とう》ばんを
交《こう》たいしに
きたんだ。
交

3話《わ》 教《おし》えたがりの先生《せんせい》たち

ヒカルとマキ、「聞《ぶん》《き》」は、今《こん》どはしまの学校《がっこう》にやってきました。
この学校《がっこう》では教《おし》えたがりの先生《せんせい》がたくさんいて、何《なん》でもおしえてくれるそうです。

この学校《がっこう》にカンジジュウが何人《なんにん》いるか
数《かぞ》えて、数字《すうじ》で答《こた》えて！　そうしたら、
知《し》りたいことを教《おし》えてあげるよ！

◀数

この学校《がっこう》には、漢字《かんじ》の力《ちから》をなくしたカンジジュウはいないようです。

ヒカルとマキは学校《がっこう》にいるカンジュウの数《かず》を数《かぞ》えて、じけんの手《て》がかりを教《おし》えてもらうことにしました。

ここは算《さん》数《すう》の教《きょう》しつだよ。
きみは算《さん》数《すう》すき?

▲算

◀計

計《けい》算《さん》もんだいの
しゅくだいは
計《けい》画《かく》てきにやりたまえ!

算数《さんすう》の教室《きょうしつ》のつぎの教室《きょうしつ》に入《はい》ろうとしたら、
教室《きょうしつ》の前《まえ》に、「組《そ》《く・くみ》」と「才《さい》」のカンジュウがいました。

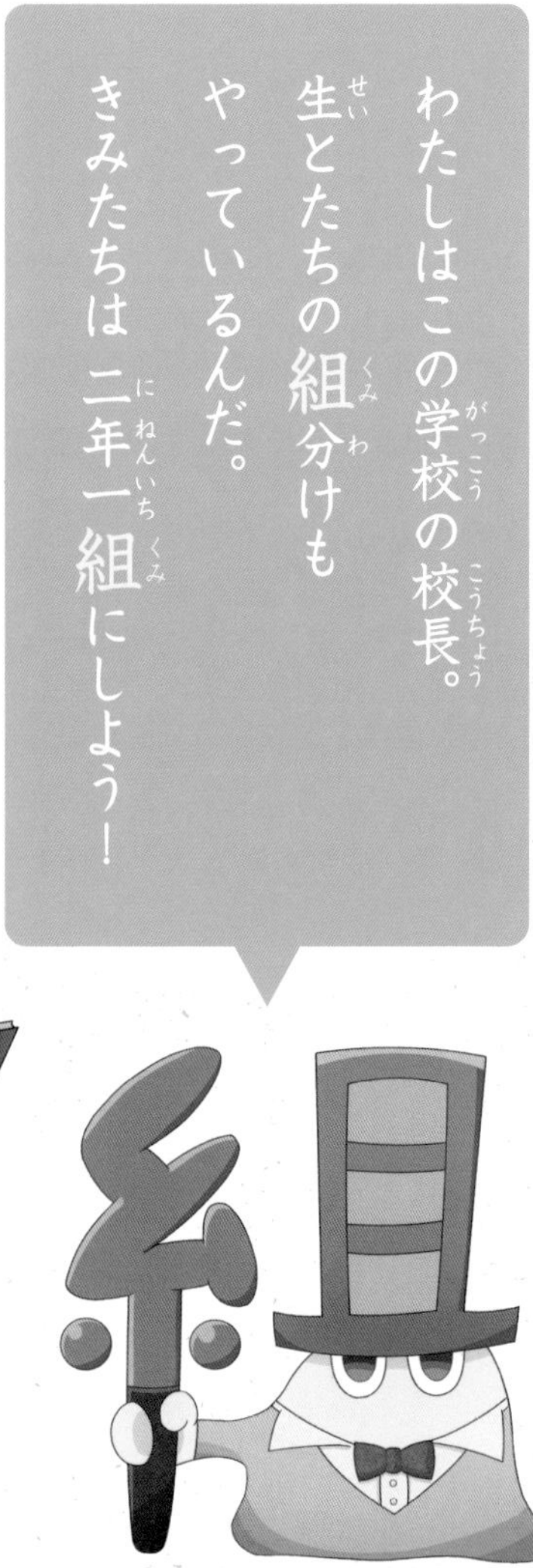
わたしはこの学校《がっこう》の校長《こうちょう》。
生《せい》とたちの組《くみ》分《わ》けも
やっているんだ。
きみたちは二年一組《にねんいちくみ》にしよう！

▲組

きみたちはどんな才《さい》のうを
もっているかな？
天才《てんさい》だといいね！

▲才

ヒカルとマキは、二年一組《にねんいちくみ》の名《な》ふだをもらうと、
つぎの教室《きょうしつ》に入《はい》りました。
中《なか》にいた二人《ふたり》のカンジュウは、
ヒカルたちの名《な》ふだを見《み》て言《い》いました。

ここは理科《りか》の教室《きょうしつ》だよ。
あれ？　きみたちは二年生《にねんせい》だね。
理科《りか》は三年生《さんねんせい》からだよ。

本当《ほんとう》だ。でも、とくべつに科学《かがく》の
じっけんを見《み》せてあげよう！

▲理

▲科

理科《りか》の教室《きょうしつ》を出《で》ると、次《つぎ》は、国語《こくご》の教室《きょうしつ》でした。
ここには四人《よにん》のカンジュウがいました。

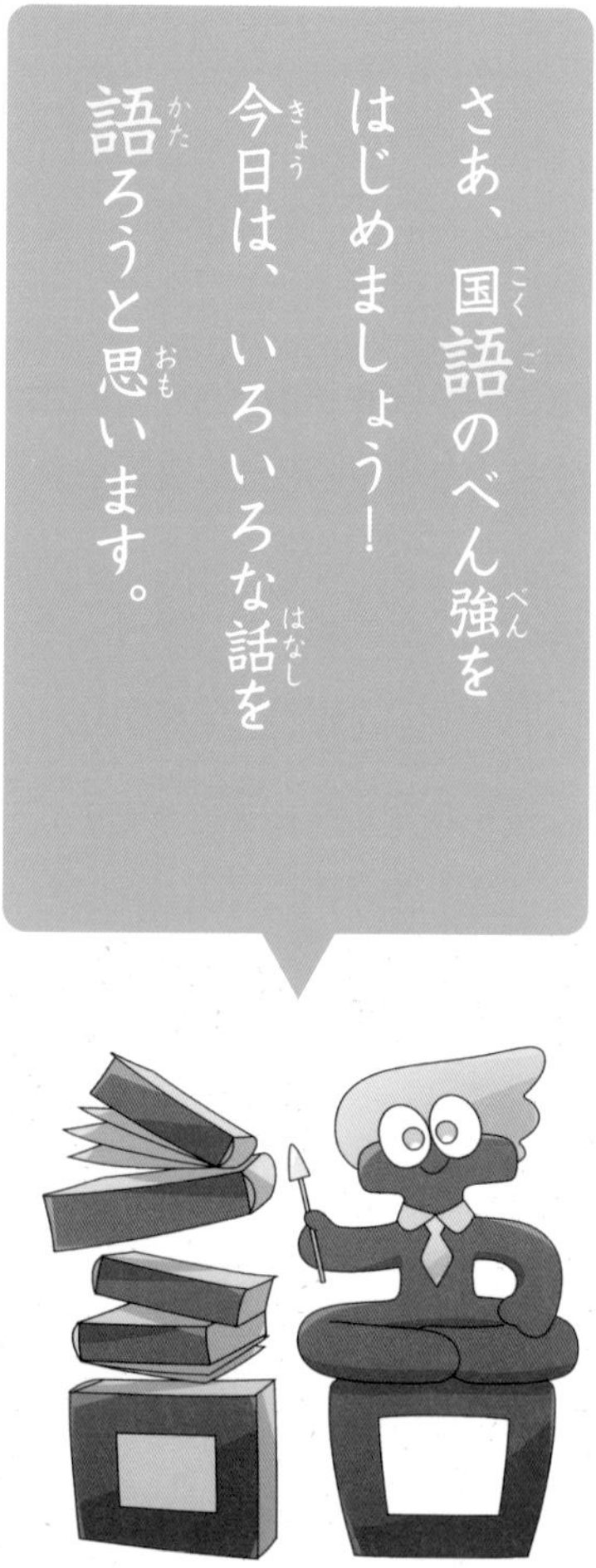
さあ、国語《こくご》のべん強《べん》を
はじめましょう!
今日《きょう》は、いろいろな話《はなし》を
語《かた》ろうと思《おも》います。

▲語

読書《どくしょ》はどうですか?
どんな本《ほん》を読《よ》みたいか
教《おし》えてください。

▲読

◀記

読書《どくしょ》をしたら、
かんそう文《ぶん》を書《か》きましょう。
あれれ、きみ、
漢字《かんじ》の書《か》きじゅんが
まちがってますよ？

べん強《きょう》がおわったら、
今日《きょう》の日記《にっき》をつけましょう。
毎日《まいにち》の記《き》ろくを記《しる》すことは
大切《たいせつ》ですよ！

▲書

「べん強《きょう》いっぱいしてつかれちゃった。」
ヒカルがこう言《い》うと、次《つぎ》の教室《きょうしつ》から声《こえ》がしました。
「こんどはげいじゅつの教室《きょうしつ》だよ。楽《たの》しんでいって！」

わたしは音楽《おんがく》の先生《せんせい》。楽《たの》しいことや、楽《らく》ちんなことが大《だい》すきさ。

楽▶

きみきみ 絵《え》をかいてみませんか？

ぼくといっしょに校《こう》歌《か》を歌《うた》おう！

◀歌

▲絵

画用紙《がようし》に
絵画《かいが》をかきましょう。

▼画

図▶

これから図工《ずこう》の
時間《じかん》です。
今日《きょう》は地図《ちず》を
かきますよ。

工作《こうさく》もしましょう。
ああ、学校《がっこう》は
工《こう》じ中《ちゅう》の場《ば》しょも
あるから気《き》をつけて！

◀工

音楽《おんがく》や工作《こうさく》を楽《たの》しんだヒカルとマキは、
つぎの教室《きょうしつ》にやってきました。
どうやら、ここがさい後《ご》の教室《きょうしつ》のようです。
ここには三人《さんにん》のカンジュウがいました。

この学校《がっこう》にはカンジュウが
何人《なんにん》いたか、答《こた》えは？
さあ、回答《かいとう》をどうぞ！
あ、ぼくたち三人《さんにん》を足《た》すことを
わすれないで！

▲答

ええと、（　　　）人《にん》だよ。
※答《こた》えはこのページの下《した》！

正《せい》かい！　教《おし》えてほしいことは、教室《きょうしつ》の出口《でぐち》にいるカンジュウに聞《き》いて。

▲教

知《し》りたいことは、カンジュウたちが漢字《かんじ》の力《ちから》をなくしているじけんのことだね。それなら、ミッツメしまにいくといいよ。そこにじけんの手《て》がかりがあるはずだ。

▲知

答《こた》え　20人《にん》

4話《わ》 みなとを目《め》ざして

ミッツメしまは、船《ふね》にのらないと行《い》けないようです。

しまのみなとにむかおうとしたとき、

グーッ。

ヒカルとマキのおなかが鳴《な》りました。

「べん強《きょう》をたくさんしたから、おなかへっちゃったよ。」

すると、ヒカルたちの目《め》の前《まえ》にレストランがありました。

「やった！　ごはんを食《た》べよう！」

いらっしゃい！
昼食《ちゅうしょく》のじゅんびは
できてるよ。
何《なに》を食《た》べる？
食
肉
力《ちから》をつけるには
肉《にく》がいちばん。
やき肉《にく》てい食《しょく》を
どうぞ！
米《こめ》をにぎった
おにぎりは
どう？
米
麦
小麦《こむぎ》を
こねてやいた
パンもあるよ！

ヒカルたちは、おいしいお昼《ひる》ごはんを食《た》べました。

お昼《ひる》ご飯《はん》を食《た》べて元気《げんき》が出《で》たヒカルとマキと「聞《ぶん》《き》」のカンジュウは、みなとを目《め》ざして歩《ある》き出《だ》そうとしました。ところが、

あれ？　みなとって
どこにあるんだろう？

だれかに聞《き》いてみようよ。

すると、だれかが言《い》いあらそっている声《こえ》が聞《き》こえてきました。

わたしは、この国《くに》のリーダー。
国《こく》みんはわたしの言《い》うことを
聞《き》きなさい。

▲国

いいえ、京《きょう》は国《くに》のみやこのこと。
「京《きょう》」のカンジュウである
このわたしこそリーダーにふさわしい。

里《さと》山《やま》では
こんなけんかは
だれもしないぞ。

▲里

こんな場《ば》しょで
口《くち》げんかはめいわくだな。
ここは工《こう》じげん場《ば》なのに。

これじゃ、道《どう》ろ工《じ》じが
すすまない。道《みち》から
どいてくれないかな。

▲京

◀場

▲道

「場《じょう》《ば》」と「道《どう》《みち》」のカンジュウがこまっているようです。

それでも「国《こく》《くに》」と「京《きょう》」のカンジュウは、自分《じぶん》がリーダーだと言《い》ってゆずりません。

　マキは言《い》いました。

「だったら、二人《ふたり》でリーダーをやれば？」

「国《こく》《くに》」と「京《きょう》」のカンジュウは、それはいいアイディアだと、ニコニコしてけんかをやめました。

やあ、ありがとう！
おれいにみなとまでの
道《みち》を教《おし》えてあげるよ。

教《おし》えてもらった道《みち》を歩《ある》いていると、小《ちい》さな村《むら》につきました。
この村《むら》には四《よ》人《にん》のカンジュウがすんでいるようです。

わたしは
じん社《じゃ》のかんぬし。
じつは会《かい》社《しゃ》いんでもある。
▲社
店▶
ぼくの店《みせ》は
くだものやさん。
店《てん》いん
ぼしゅう中《ちゅう》だよ。
わたしは寺《てら》の
おぼうさん。
▲寺
うむ。わたしは
どうぶつ園《えん》が
すきじゃ。
◀園

みなとまでの道《みち》を歩《ある》いていると、
すっかりくらくなっていました。
「みなとに行《い》くのは明日《あす》にしよう。」
「どこかねむれるところはないかな。」
ヒカルとマキがまわりを
見回《みまわ》していると、四人《よにん》の大工《だいく》の
カンジュウたちがやってきました。

ぼくたち、船《ふな》のりの家《か》ぞくの
ための家《いえ》をたてているんだ

▲家

立《りっ》ぱな門《もん》もついているぞ。
よかったら、そこにとまるかい？

▲門

ただし、おねがいがあります。
室《しつ》内《ない》にみょうなやつらが
かってにすみついているのです。

▲室

戸《と》じまりをちゃんとして
なかったんだ。キミらにそいつらを
おい出《だ》してほしいのさ。

▲戸

ヒカルたちは、おっかなびっくり家《いえ》にやってきました。
家《いえ》の中《なか》からはごそごそ音《おと》がします。
ヒカルはゆう気《き》を出《だ》して、
音《おと》のするほうにさけびました。
「この家《いえ》から出《で》て行《い》ってくださーい！」
すると、だれかがぬっとあらわれました。

ああ、こわがらないで。
わたしは手《て》紙《がみ》と新聞《しんぶん》紙《し》をとどける
はいたつ人《にん》。中《なか》にだれかいるのが
気《き》になってのぞいていただけなのです。

▲紙

「中《なか》にいるのはだれなの？」

マキが大《おお》きな声《こえ》でいうと、三人《さんにん》のカンジュウが家《いえ》の中《なか》から出《で》てきました。

わしの刀《かたな》がこわいか？
ぼくらは弓矢《ゆみや》でえものをとるりょうしなんだ。

三人《さんにん》は、自分《じぶん》たちが、何《なん》のカンジュウかわかったら、おとなしく家《いえ》を出《で》るとやくそくしました。

「『刀《とう》《かたな》』と『弓《ゆみ》』と『矢《や》』のカンジュウだね。」
マキがいいました。

正体《しょうたい》を答《こた》えられてくやしがる三人《さんにん》のカンジュウたち。

きゅうに雨《あめ》がふってきたので、雨《あま》やどりをしていただけだといいます。

かわいそうに思《おも》ったヒカルとマキは、いっしょに家《いえ》にとまろうといいました。

つぎの日《ひ》、家《いえ》でぐっすりねむったヒカルたちは「刀《とう》《かたな》」「弓《ゆみ》」「矢《や》」のカンジュウとわかれて、みなとにむかいました。

みなとには、もう船《ふね》が来《き》ていました。

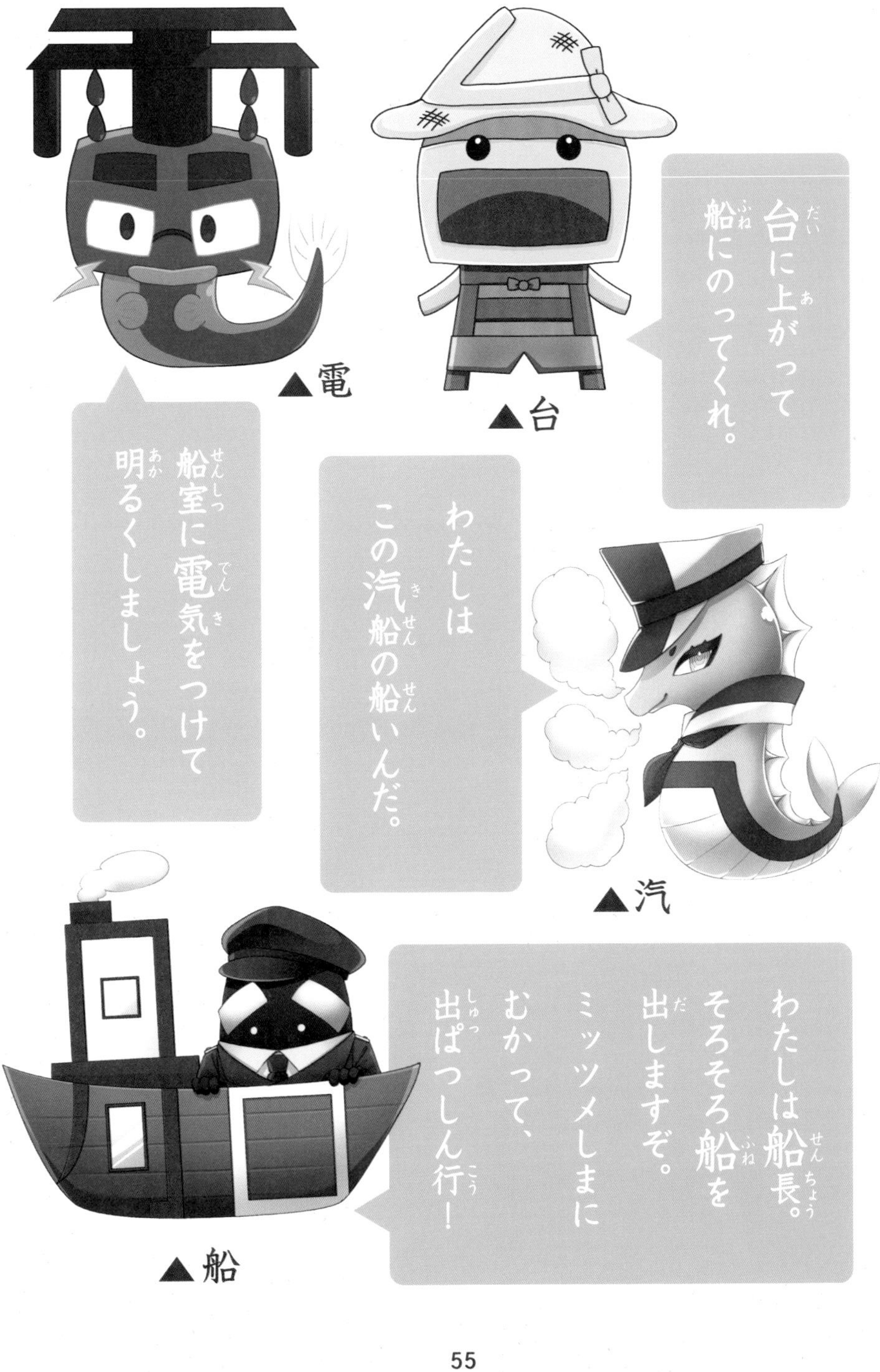

台《だい》に上《あ》がって
船《ふね》にのってくれ。
▲台
▲電
わたしは
この汽《き》船《せん》の船《せん》いんだ。
船室《せんしつ》に電気《でんき》をつけて
明《あか》るくしましょう。
▲汽
わたしは船長《せんちょう》。
そろそろ船《ふね》を
出《だ》しますぞ。
ミッツメしまに
むかって、
出《しゅっ》ぱつしん行《こう》！
▲船

ヒカルとマキ、「聞《ぶん》《き》」のカンジュウがのった船《ふね》は、
ミッツメしまにだんだん近《ちか》づいてきました。

ミッツメしまは、自《し》ぜんがゆたかで、
とてもうつくしいしまだって、
前《まえ》に聞《き》いたことがあるよ！

へえ、楽《たの》しみ！

ミッツメしまでは、いったいどんなことが
まちうけているのでしょうか？

2しょう

ミッツメしまの大《おお》そうどう!

このしょうに出《で》てくる漢字《かんじ》は、100ページからの「漢字《かんじ》キャラ図《ず》かん」122 ～ 131 ページでもしょうかいしています。

1話《わ》

みどりがうしなわれたしま

ミツメしまについた三人《さんにん》は、おどろきました。自《し》ぜんがゆたかどころか、草《くさ》一《いっ》本《ぽん》生《は》えていなかったのです。すんでいるカンジュウたちも何《なに》かへんです。

馬《うま》なのに走《はし》ることができなくなったんだ。
馬

鳥《とり》なのに空《そら》をとべなくなった！野《や》鳥《ちょう》たちとあそべない！
鳥

モー、牛《うし》なのに牛《ぎゅう》にゅうが出《で》ないよ。
牛
ギョギョ。魚《さかな》なのに水《みず》がこわくなったよ！友《とも》だちの金《きん》魚《ぎょ》ともけんかしたよ。
魚
羽《はね》がおもいの。羽《う》毛《もう》みたいにかるかったのに。
羽
ぼくは自《じ》まんの角《つの》のよごれがとれない！ああ、先《さき》に行《い》きたいなら、そのまがり角《かど》を右《みぎ》に曲《ま》がって行《い》くといいよ。
角

どうやら、ここでもカンジュウたちが漢字《かんじ》の力《ちから》をなくしているようです。

ヒカルとマキと「聞《ぶん》《き》」のカンジュウが、しばらく歩《ある》いていると、さばくにつきました。そこで「海《かい》《うみ》」のカンジュウがないていました。

ここはもともと海《うみ》だったのに！
海《かい》がんのすなはまが広《ひろ》がって
さばくになったんだ。

岩《がん》石《せき》もくだけてすなになっちまった。
岩《いわ》でつくったおれの家《いえ》もなくなったよ。
それもこれもアイツのせいだ！

▲海

▲岩

「アイツってだれ？」ヒカルは聞《き》きました。

この先《さき》の谷《たに》をこえると、遠《とお》くにしまが見《み》える。
そのしまにすんでいるアイツさ。

アイツを
おこらせると地《じ》面《めん》に
うめられちゃうかも。

それとも池《いけ》に
ぼっちゃんって
おとされるかも。

おれたちアイツのせいで、どっちがどっちかわからなくなったんだ。どっちが「地《じ・ち》」のカンジュウか思《おも》い出《だ》させてくれたら、アイツのことを教《おし》えてあげるよ。

▲谷

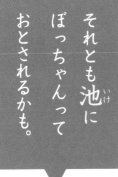

きみが「地《じ・ち》」のカンジュウだよ。

そうだった。自分《じぶん》のこと、思《おも》い出《だ》したぞ。ありがとう！

「地《じ・ち》」と「池《いけ・ち》」のカンジュウは、おれいにカンジュウの漢字《かんじ》の力《ちから》をうばっているはん人《にん》のことを教《おし》えてくれました。

今回《こんかい》のじけんのはん人《にん》は、この先《さき》のしまにすむまほうつかいさ！

「まほうつかいだって！」

ヒカルがさけぶと、どこからか四人《よにん》のカンジュウがやってきました。

まほうつかいはいたずらずき。夜空《よぞら》から星《ほし》や星《せい》ざをなくしたり……、

▲星

お日《ひ》さまの光《ひかり》もうばったよ。しばらく日光《にっこう》も見《み》ていないんだ。

◀光

まほうつかいのまほうで、野原《のはら》の野草《やそう》もみんなかれちゃった。

◀野

草原《そうげん》の生《い》きものもいなくなった。ぼくのすんでいた野原《のはら》ももうないんだ。

◀原

2話《わ》 お天《てん》気《き》ぐるぐる大《おお》そうどう！

まほうつかいのせいで、みんなこまっているんだね。
まほうつかいをやっつけましょう！

ヒカルたちは、まほうつかいのしまにむかいます。

ところが、歩《ある》いているうちに、天《てん》気《き》がおかしくなりました。雲《くも》が出《で》てきて大《おお》雪《ゆき》になったかと思《おも》うと、そのつぎは、台《たい》風《ふう》です。

「うわあ、これじゃ前《まえ》にすすめないよ！」

雲《くも》は出《で》ないはずなのに、黒《くろ》雲《くも》がたくさん出《で》ているぞ。
雲▶

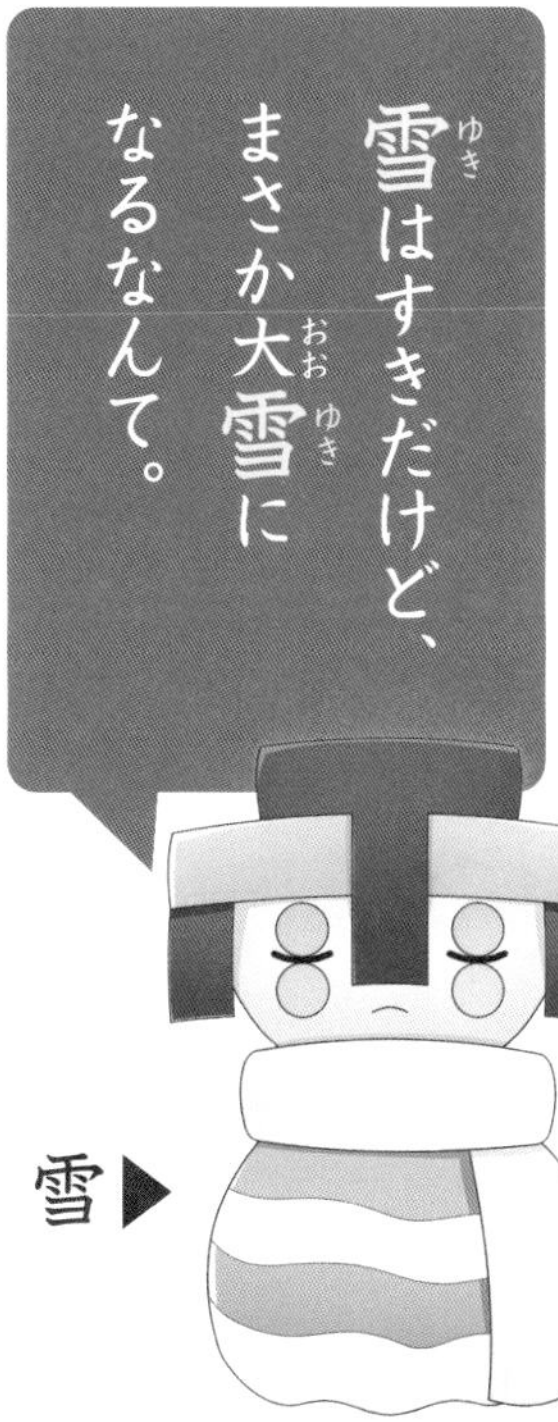

雪《ゆき》はすきだけど、まさか大《おお》雪《ゆき》になるなんて。
雪▶

台《たい》風《ふう》の大《おお》風《かぜ》でみんなとばされそうだ！「晴《せい》《は》」のカンジュウがいれば、何《なん》とかなるかも。
風▶

「早《はや》く『晴《せい》《は》』のカンジュウをさがしましょう。」

さて、「晴《せい》《は》」のカンジュウは、下《した》のだれでしょう。形《かたち》をよく見《み》て考《かんが》えよう！

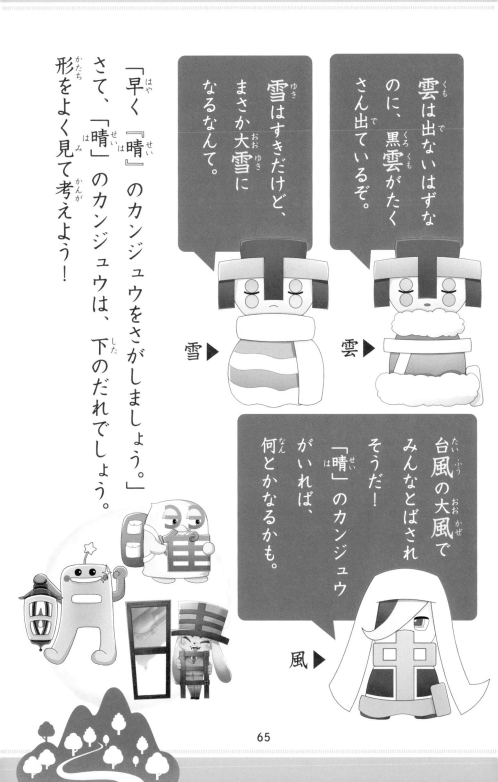

きみが「晴《せい》《は》」のカンジュウだね。早《はや》く天気《てんき》を何《なん》とかして！
まかせて！　今《いま》から晴《せい》天《てん》にするよ！……ほら、晴《は》れてきた！

▲晴

ようやく風《かぜ》がやみ、お日《ひ》さまがすがたをあらわしました。
ところが、今《こん》どは　きせつがぐちゃぐちゃになりました。
春《はる》から秋《あき》に。秋《あき》から夏《なつ》に、夏《なつ》から冬《ふゆ》に……。
ものすごいいきおいで、きせつがぐちゃぐちゃに入《い》れかわります。

ぼくは「春《しゅん》《はる》」の
カンジュウ。
春《はる》からはじめて
ぼくらを正《ただ》しく
ならべて！
◀春
◀冬
目《め》が回《まわ》る〜。
このままだと冬《ふゆ》ごもりの
じゅんびができないよ！
夏《なつ》のあつさが
すきなのに。
冬《ふゆ》はにが手《て》だよ。
▲夏
◀秋
秋《あき》があっという
間《ま》におわるなんて
もったいないわ！
これもまほうつかいのせいなの？

ヒカルとマキは、「春《しゅん》《はる》」「夏《か》《なつ》」「秋《しゅう》《あき》」「冬《とう》《ふゆ》」のカンジュウ四《よ》人《にん》を、じゅんばんにならべてあげました。

すると、きせつは正《ただ》しくなって、春《はる》になりました。

ところが、またへんなことがおきました。今《いま》はまだお昼《ひる》のはずなのに、きゅうに朝《あさ》になり夜《よる》になりまた朝《あさ》になり……。一《いち》日《にち》がぐちゃぐちゃです。

まほうつかいのせいで、午《ご》前《ぜん》と午《ご》後《ご》がめちゃくちゃだ！　おねがいだ！

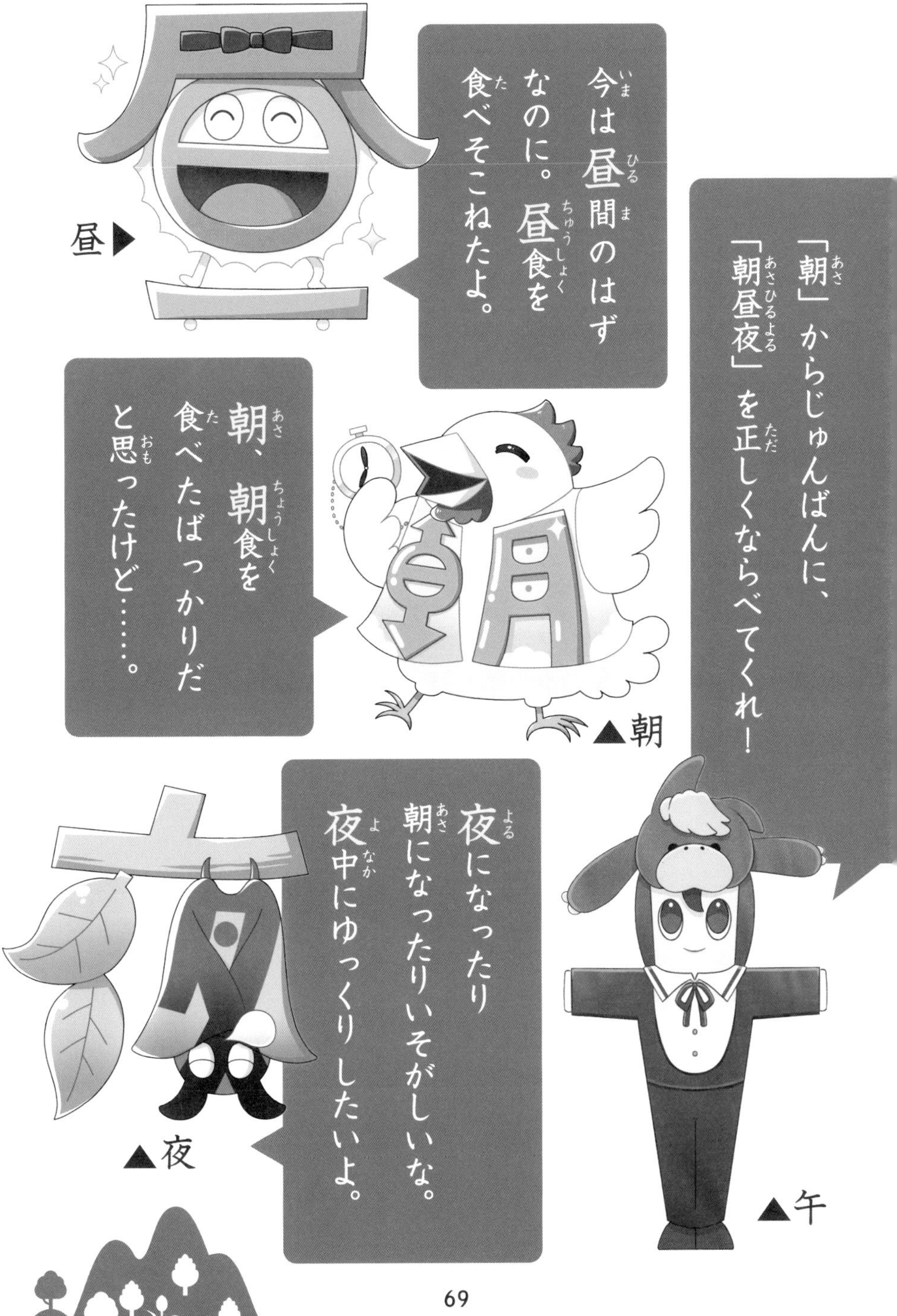
「朝《あさ》」からじゅんばんに、「朝昼夜《あさひるよる》」を正《ただ》しくならべてくれ！
今《いま》は昼《ひる》間《ま》のはずなのに。昼《ちゅう》食《しょく》を食《た》べそこねたよ。
昼▶
朝《あさ》、朝《ちょう》食《しょく》を食《た》べたばっかりだと思《おも》ったけど……。
▲朝
夜《よる》になったり朝《あさ》になったりいそがしいな。夜《よ》中《なか》にゆっくりしたいよ。
▲夜
▲午

ヒカルとマキは、「朝《ちょう》《あさ》」「昼《ちゅう》《ひる》」「夜《や》《よ・よる》」の三《さん》人《にん》のカンジュウを、
じゅんばんにならべてあげました。

すると、一日《いちにち》の時間《じかん》は正《ただ》しくなって、
昼間《ひるま》がもどってきました。

きみたち、ありがとう。
これで毎日《まいにち》、
正《ただ》しい時間《じかん》がやってくる。

▲毎

だけど、一週《いっしゅう》間《かん》もへんなんだ。
ここのところ、毎週《まいしゅう》、曜《よう》日《び》の
じゅんばんがかわっているんだよ。

今日《きょう》は日《にち》曜《よう》日《び》なのに、
明日《あす》はなぜか木《もく》曜《よう》日《び》。
これじゃよていが立《た》てられない！

▲週

▲曜

なんとかしてあげたいヒカルとマキですが、
こればかりは、まほうつかいをたおさないと
もとにもどらないようです。

「毎《まい》」「週《しゅう》」「曜《よう》」のカンジュウに、まほうつかいをやっつけると
やくそくしたヒカルとマキと「聞《ぶん》《き》」のカンジュウは、
まほうつかいのしまが見《み》える海《かい》がんにやってきました。
ここには大《おお》きな時計台《とけいだい》がありました。
時計台《とけいだい》には三人《さんにん》のカンジュウががいました。

さっきまで、時間《じかん》のすすみ方《かた》が
へんで、時計《とけい》のはりが
ものすごいはやさで回《まわ》っていたよ。
さい近《きん》、時《とき》どきこうなるんだ。

◀時

きみたちが時間《じかん》をもとにもどしてくれたのか！　おかげで何時《なんじ》何分《なんぷん》なのかが分《わ》かるようになったよ。

今《いま》からまほうつかいのしまに行《い》くの？　やっぱり今回《こんかい》のじけんのはん人《にん》は、まほうつかいだったのか！

聞《き》いていいかい？　まほうつかいは、しまのどこにいるの？

分▶

今▶

まほうつかいは、まほうつかいのとうにいるよ。
海《うみ》をわたるなら、船《ふね》をかすよ。
しままで、それほど時《じ》間《かん》がかからないはずだ。

「よし、まってろよ。まほうつかい！」
ヒカルとマキは
元《げん》気《き》よく出《しゅっ》ぱつしました。

ぼくはちょっと用《よう》じを思《おも》い出《だ》した。
いったんここでキミたちとわかれるよ。

3しょう

まほうつかいの しま

このしょうに出《で》てくる漢字《かんじ》は、100ページからの「漢字《かんじ》キャラ図《ず》かん」131～142ページでもしょうかいしています。

1話《わ》 まさか？ さかさま？

「聞《ぶん》《き》」のカンジュウとわかれたヒカルとマキは、
まほうつかいのしまにつきました。
そこに、まほうつかいの
なかまだという四人《よにん》の
カンジュウがあらわれました。

今《いま》、食後《しょくご》の休《きゅう》けい中《ちゅう》なんだ。
話《はなし》は後《あと》できいてあげるから、
後《うし》ろを向《む》いてまっていて。

▲後

しまの外《そと》から来《き》たのかい？
外国《がいこく》の人《ひと》がまほうつかいに会《あ》うには、
クイズに正《せい》かいしないといけないよ。

クイズの前《まえ》に、きみたちの名前《なまえ》を
教《おし》えて。ふむふむ。ヒカルとマキか。
では、クイズを出《だ》すよ。

わたしたち四人《よにん》を、さかさまのいみで組《く》み合《あ》
わせて二組《ふたくみ》に分《わ》けて。正《せい》かいしたら、
しまの内《うち》がわまであん内《ない》してあげる。

▲外

▲前

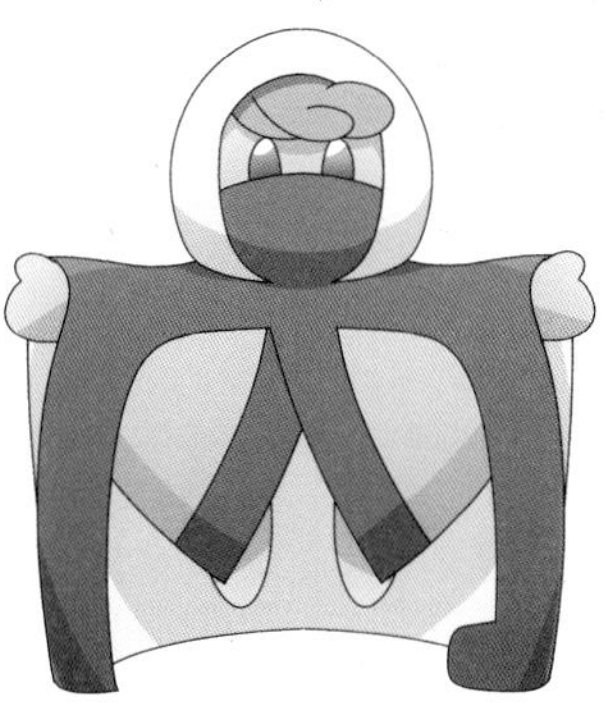

▲内

「わかった。こんな組《く》み合《あ》わせにすればいいんだ！」

ヒカルは四人《よにん》をつぎのように組《く》み合《あ》わせました。

「内《ない》《うち》」のカンジュウは、ヒカルたちを、
しまのどうくつにあん内《ない》しました。

どうくつは、まほうつかいのいる場《ば》しょへの近道《ちかみち》だそうです。どうくつの中《なか》は真《ま》っくらです。手《て》さぐりでこわごわすすんでいくと、三人《さんにん》のカンジュウに会《あ》いました。

弱《よわ》ったな。道《みち》にまよった。
ぼく、くらやみがこわいのが
弱点《じゃくてん》なのに。

▲弱

強《つよ》い光《ひかり》がほしいな。
強力《きょうりょく》な明《あ》かりを
もってないか？

▲強

しょう明《めい》を
つけたよ。
これで明《あか》るく
なる はずだ。

▲明

しょう明《めい》がついて、どうくつが明《あか》るくなりました。
すると、少《すこ》し先《さき》にだれかがいるのが見《み》えました。

明《あか》るくなって先《さき》が見《み》えるようになったよ。
遠《とお》くからようこそ。
このぼう遠《えん》きょうをのぞいてごらん。

◀遠

ぼう遠《えん》きょうをのぞくと、ずっと先《さき》で、道《みち》が三《みっ》つにわかれています。
それぞれの道《みち》に、カンジュウが立《た》っています。

どの道《みち》をすすめばいいのかな？

「遠《えん》《とお》」のカンジュウは、自分《じぶん》とさかさまのいみのカンジュウが立《た》っている道《みち》を行《い》くと、まほうつかいに会《あ》えるといいます。正《ただ》しい道《みち》をえらびましょう。

▲高

この先《さき》は、高《たか》い場《ば》しょを通《とお》るさい高《こう》の道《みち》さ。この道《みち》が正《せい》かいだ。

▲広

この先《さき》は、広《ひろ》い道《みち》になっているよ。歩《ある》きやすいぞ。

▲近

近《ちか》道《みち》するならこの道《みち》さ。でも、マグマの近《ちか》くを通《とお》るから気《き》をつけて。

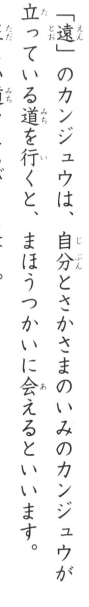

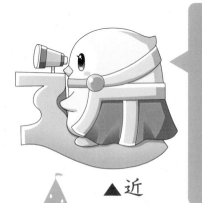

きみの立《た》っている道《みち》が正《ただ》しい道《みち》だね！

正《せい》かい！「遠《とお》い」の反対《はんたい》は「近《ちか》い」だよ！

正《せい》かいしたヒカルとマキは、どうくつの先《さき》へすすみました。
すると、こまった顔《かお》をした「古《こ》《ふる》」のカンジュウに会《あ》いました。

古《ふる》くからの友《とも》だちとはぐれてしまった。
友《とも》だちは、わしとはんたいのいみの
カンジュウじゃ。

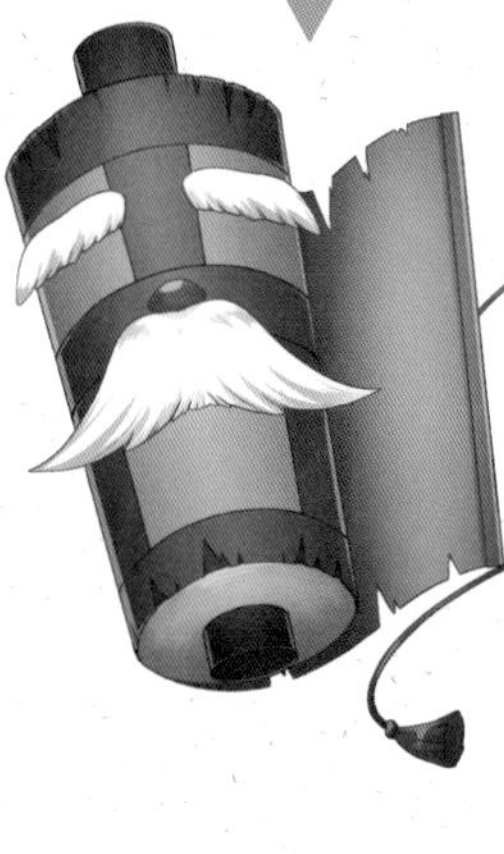

◀古

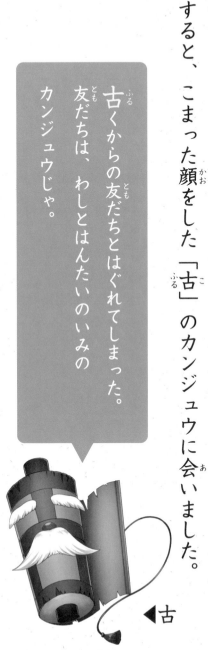

「古《こ》《ふる》」のはんたいのいみのカンジュウは？

まほうつかいに会《あ》いに来《き》た人間《にんげん》か？その岩《いわ》の間《あいだ》の道《みち》をすすむといいぞ。

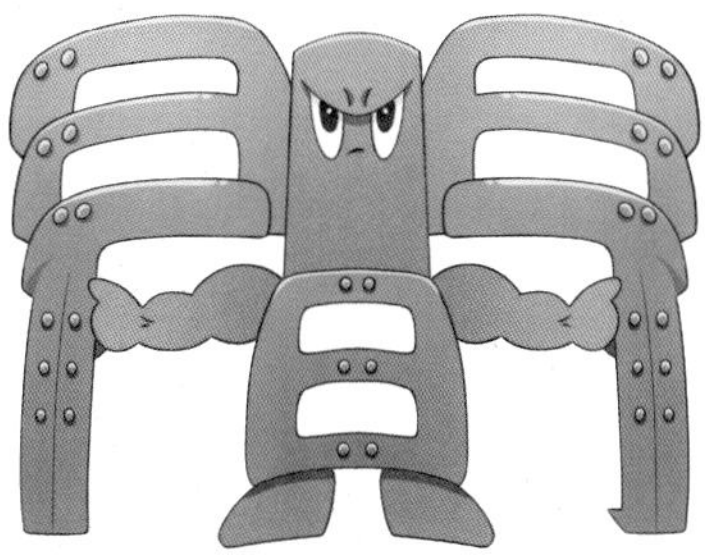

▲間

ぼくの出番《でばん》はまだかな？じゅん番《ばん》をまっているんだけど。

◀番

友《とも》だちとどうくつの新《あたら》しい道《みち》をたんけんしたんだ。新《しん》かん線《せん》でも通《とお》れそうな広《ひろ》い道《みち》だったよ。

▲新

あなたが「古《こ》《ふる》」のカンジュウさんの友《とも》だちだね。

見《み》つけてくれてありがとう！
おれいに新《しん》せんなリンゴをどうぞ。

ヒカルたちは、りょう手《て》にいっぱいのリンゴをもらいました。

ところが、手《て》をすべらせてしまい、リンゴがどうくつのおくにコロコロところがっていきます。

リンゴをおいかけてどうくつのおくまで来《く》ると、

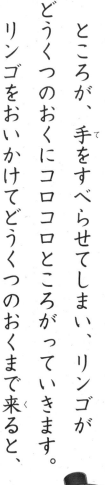

四《よ》人《にん》のカンジュウがいました。

そこの少《しょう》年《ねん》と少《しょう》女《じょ》。リンゴを少《すこ》しだけひろってあげたよ。

▲少

大《おお》きいリンゴ一《ひと》つで小《ちい》さいリンゴ二《ふた》つと同《おな》じおもさだね。

◀同

▲多

ぼくはもっと多《おお》くひろったぞ。

▲半

ひろってあげたから半《はん》分《ぶん》くれないか？

ヒカルとマキは、「少《しょう》《すく・すこ》」のカンジュウたちにリンゴを分《わ》けました。

ありがとう！ おれいにまほうつかいの
ことを少《すこ》しだけ教《おし》えてあげるよ。

「少《しょう》《すく・すこ》」のカンジュウの話《はなし》では、まほうつかいは、もともとやさしいカンジュウだったそうです。

ところがある日《ひ》、何《なに》かの木《き》のみを食《た》べてから、きゅうにわるさをするようになったのだと言《い》います。

おねがいだ。きみたちの力《ちから》で前《まえ》と同《おな》じ
やさしいまほうつかいにもどしてあげて。

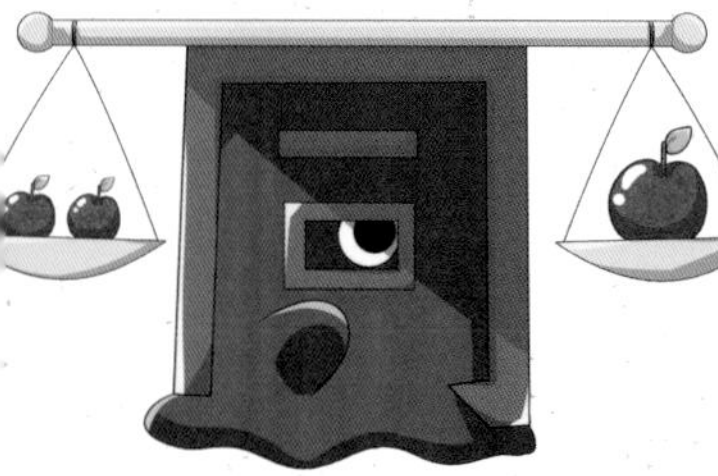

「わかったよ。」と、ヒカルとマキは、「少《しょう》《すく・すこ》」のカンジュウたちと
やくそくして、どうくつを出《で》ました。
山《やま》の上《うえ》に大《おお》きなとうが見《み》えます。

▼長
長《なが》いどうくつだっ
ただろう？
しん長《ちょう》よりひくい
場《ば》しょもあったから
大《たい》へんだったね！

▲太
あの太《ふと》くて長《なが》い
とうが、まほう
つかいの家《いえ》だよ。

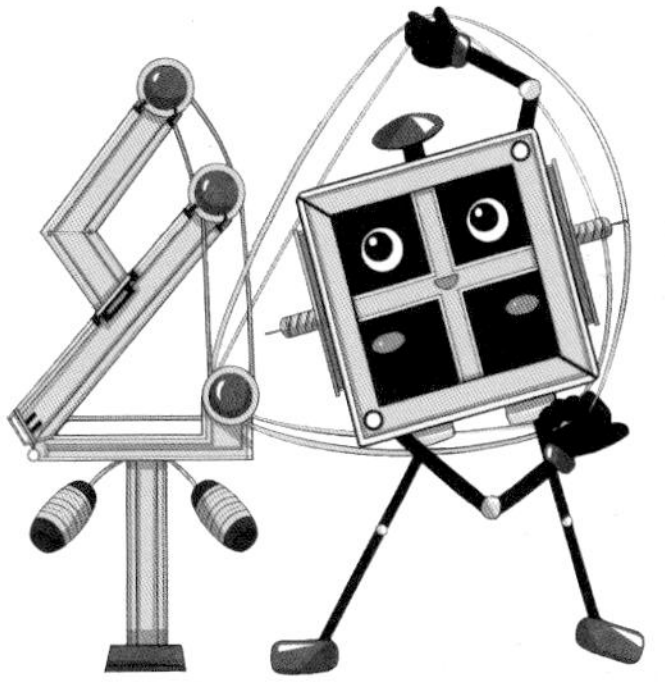

▲細
とちゅうに細《ほそ》い
つりばしがある
から気《き》をつけて。

2話《わ》 まほうつかいのとうを目《め》ざせ！

どうくつを出《で》ると、そこは森《もり》の中《なか》の道《みち》でした。
森《もり》にはいろんな色《いろ》の木《き》のみがなっていました。

まほうつかいが食《た》べたのは、この森《もり》の木《き》のみかもしれないぞ。

ひょっとしたら、もとのやさしいまほうつかいにもどせる木《き》のみもあるかもしれないね。

▲色

この森《もり》には、三《みっ》つの色《いろ》の木《き》のみがあるよ。ほしい木《き》のみがあったら、この二色《にしょく》の紙《かみ》につつんでもって行《い》きな。

▲黒

まほうつかいは黒《くろ》い木《き》のみを食《た》べたぞ。

▲黄

黄《き》色《いろ》い木《き》のみはたまごの黄《き》みみたいな色《いろ》だよ。

▲茶

まほうつかいをもとにもどしたいなら、茶《ちゃ》色《いろ》の木《き》のみをお茶《ちゃ》にしてのませるといい。

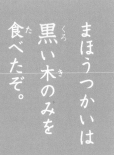

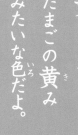

ヒカルとマキは、茶色《ちゃいろ》の木《き》のみをもらって、まほうつかいのとうを目《め》ざしました。

森《もり》を出《で》て、山《やま》をのぼりました。

ところが、谷《たに》にかかるつりばしが、こわれていてわたれません。

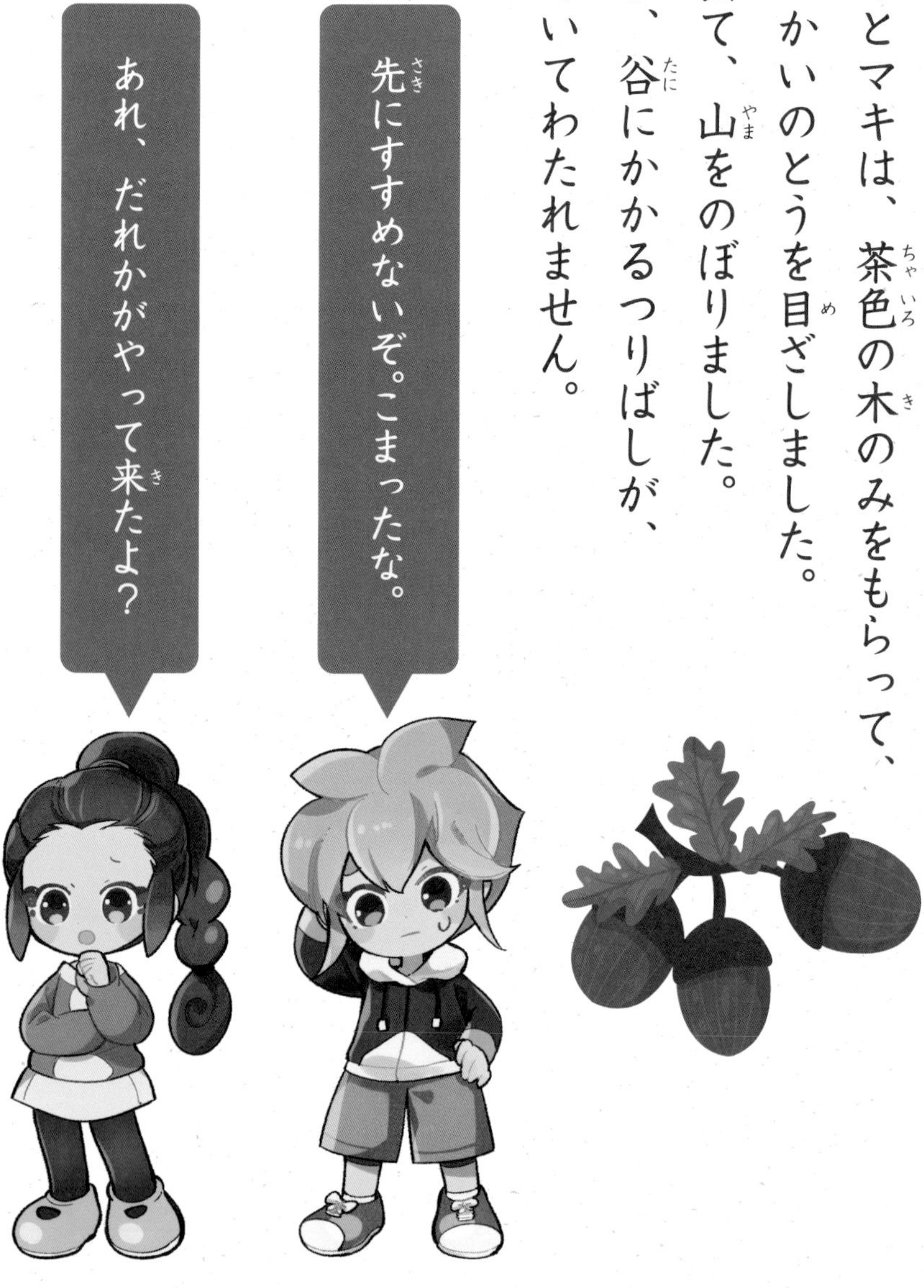
先《さき》にすすめないぞ。こまったな。
あれ、だれかがやって来《き》たよ？

やあ、つりばしを点《てん》けんに
来《き》たよ。あれ？ こわれてる。

正直《しょうじき》に言《い》って、
直《なお》すのは大《たい》へんかも。

この三人《さんにん》のうち、
はしを「直《なお》す」には、
だれにたのんだら
いいと思《おも》う？

このつりばしを
わたれば、
まほうつかいのとう
まで一直線《いっちょくせん》なのに。

ヒカルとマキは、「直《じき・ちょく》《ただ・なお》」のカンジュウにつりばしを直《なお》して
もらって、まほうつかいのとうまでやって来《き》ました。
とうの四《よ》すみに、それぞれ
カンジュウがいました。

ワシはまほうつかいの
とうの北《きた》がわを
まもっておる。
北《ほっ》きょくよりも
さむい北《きた》風《かぜ》を
ふかすことができるぞ。

オレは東《ひがし》をまもって
いる。東《とう》京《きょう》タワー
よりも大《おお》きくなる
ことができるぞ！

オイラは西《にし》を
まもっている。
この中《なか》では、
東西《とうざい》をまもる
オイラたちがいち
ばん強《つよ》いんだ。

西▶

そして、ヒカルとマキに、とうの中《なか》に入《はい》るには、自分《じぶん》たちの中《なか》でいちばん漢字《かんじ》の画数《かくすう》の多《おお》いものを当《あ》てろといいました。

いちばん画数《かくすう》が多《おお》いのはどのカンジュウ？

わたしは南《みなみ》をまもって
いる。南《なん》きょくの
こおりよりもつめたい
いきをふきかけるぞ！

◀南

いちばん画数《かくすう》の多《おお》いのは、九画《きゅうかく》の「南《なん》《みなみ》」のカンジュウでした。

正《せい》かいしたヒカルとマキは、とうの中《なか》に入《い》れてもらいました。

中《なか》には広場《ひろば》があって、ここには、まほうつかいにつかまったカンジュウたちがいました。

ぼくは丸《まる》まってにげたんだけど、つかまっちゃったんだ。

▲丸

まほうつかいが自《し》ぜんを大《だい》じにしないからもんくを言《い》いに来《き》たんだけど、自分《じぶん》もつかまっちゃった。

自▶

わたしは
絵《え》かき。だけど、
三角《さんかく》形《けい》も四角《しかく》形《けい》
も、まほうつかいの
せいで正《ただ》しい形《かたち》が
かけなくなったんだ。

オレは船《ふな》のり。
だけど、方《ほう》こうが
わからなくなって
ここにたどりつい
たんだ。

まほうつかいは
手《て》ごわい。
百《ひゃく》万《まん》人《にん》いても
かなわないかも
しれん。

ヒカルとマキは、みんなをにがしてあげました。

3話《わ》 まほうつかいはだれだ？

ついに、ヒカルとマキは、まほうつかいのいるへやまでやって来《き》ました。

ところがへやには四人《よにん》のカンジュウがいます。まほうつかいは四人《よにん》の中《なか》の一人《ひとり》。ほかの三人《さんにん》はまほうつかいにあやつられ、自分《じぶん》がまほうつかいだと思《おも》っているようです。

そのとき、と中《ちゅう》でわかれた「聞《ぶん》《き》」のカンジュウが、入《はい》って来《き》ました。

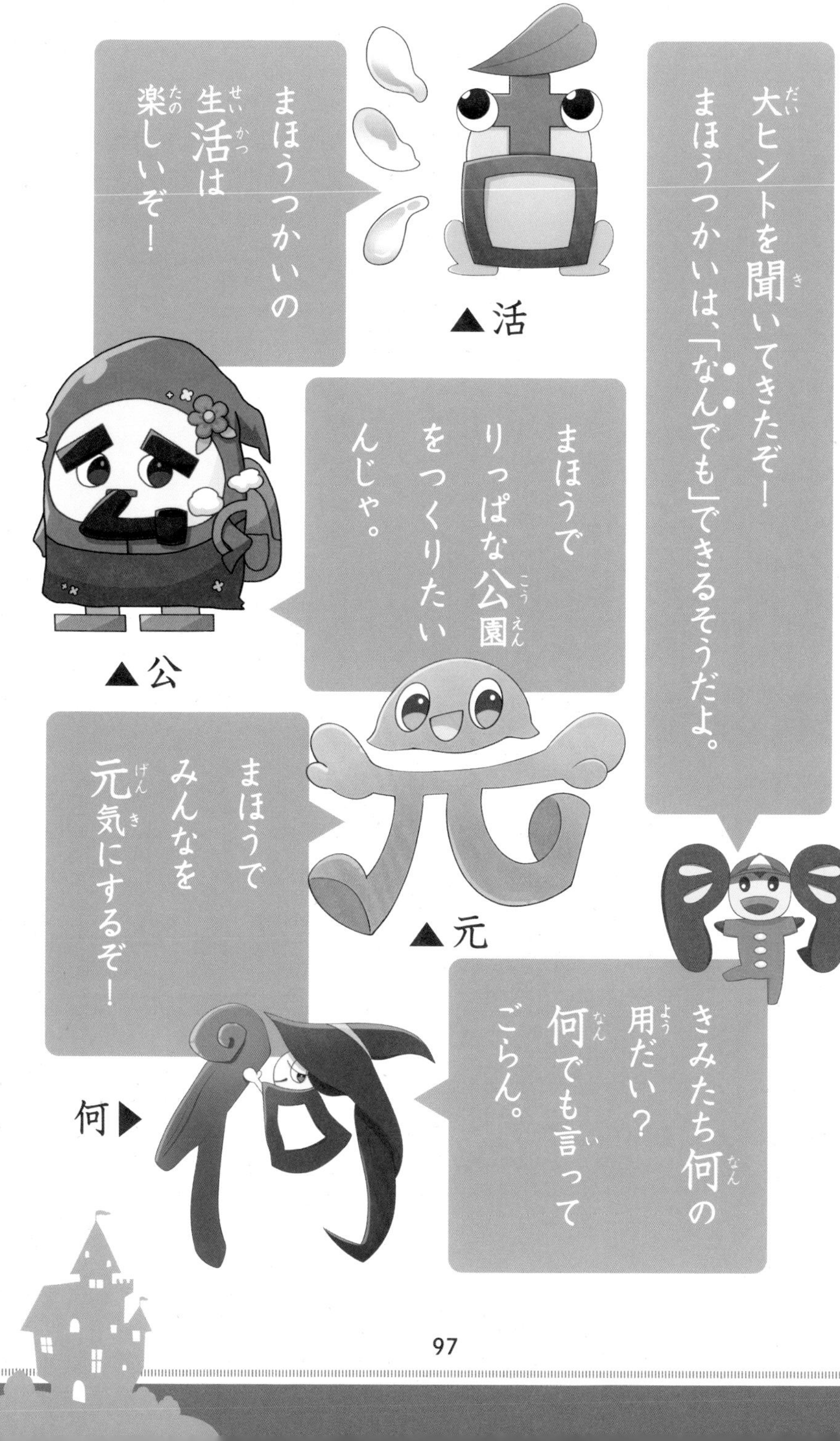
大《だい》ヒントを聞《き》いてきたぞ！
まほうつかいは、「なんでも」できるそうだよ。
まほうつかいの生《せい》活《かつ》は楽《たの》しいぞ！
▲活
まほうでりっぱな公《こう》園《えん》をつくりたいんじゃ。
▲公
まほうでみんなを元《げん》気《き》にするぞ！
▲元
きみたち何《なん》の用《よう》だい？何《なん》でも言《い》ってごらん。
何▶

「きみがまほうつかいだね！」
マキが「何《なに・なん》」のカンジュウに
いいました。
正体《しょうたい》がばれたまほうつかいがマキに
まほうをかけようとしたとき、ヒカルが、
森《もり》でもらった茶色《ちゃいろ》の
木《き》のみでつくったお茶《ちゃ》を、
「何《なに・なん》」のカンジュウに
のませました。

このお茶《ちゃ》をのんで！
……。あれ？わたしは何《なに》をしていたんだろう？

もとのやさしいまほうつかいにもどった「何《なに・なん》」のカンジュウは、
漢字《かんじ》の力《ちから》をうばわれたカンジュウたちを
もとにもどしました。
これでみんなもとどおりです。

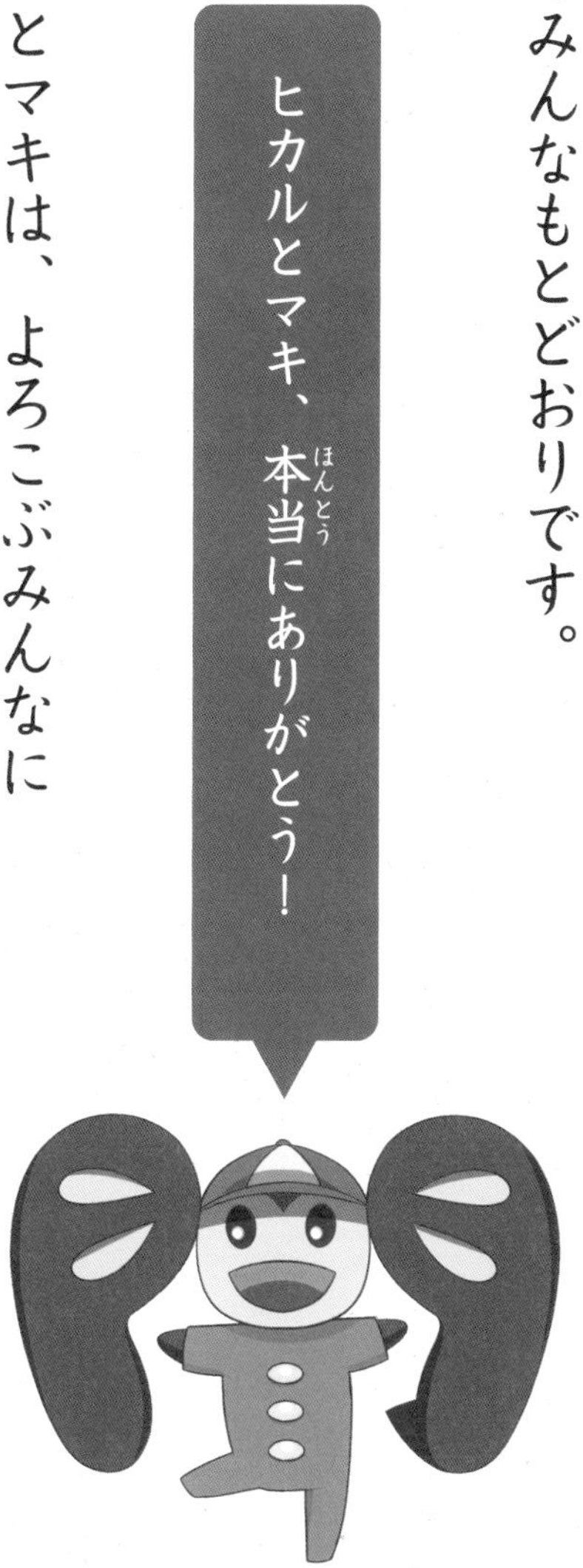

ヒカルとマキは、よろこぶみんなに
見《み》おくられて、「何《なに・なん》」のカンジュウのまほうの力《ちから》で、
もとのせかいにもどりました。

おわり

漢字《かんじ》
キャラ図《ず》かん

2年生《ねんせい》でならう
漢字《かんじ》のじてん

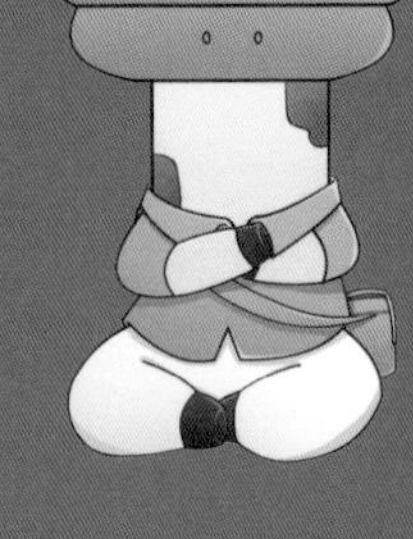

だいたい
お話《はなし》に出《で》て
きたじゅんに
ならんで
いるよ！

【保護者の方へ】漢字の読みのかたかなは音読み、ひらがなは訓読みです。

頭

16画《かく》

よみ
トウ
ズ
あたま

いみ
あたま。はじまり。馬《うま》などを数《かぞ》えることば。など。

ぼくの頭《あたま》は
がんじょうさ。
先《せん》頭《とう》を歩《ある》くぞ。

▲トウズ

ハジッコしまの町人《ちょうにん》。だれよりも頭《あたま》がいいのが自《じ》まん。

毛

4画《かく》

よみ
モウ
け

いみ
け。草《くさ》などが生《は》える。ほんの少《すこ》し。など。

毛《け》糸《いと》であんだ
毛《もう》ふがぼくの
たからもの。

▲ケケちゃん

ハジッコしまの町人《ちょうにん》。おしゃれで、かみの毛《け》の手《て》入《い》れをかかさない。

顔

18画《かく》

よみ
ガン
かお

いみ
かお。いろどり。

顔《かお》をよく見《み》て。
顔《かお》色《いろ》がよくて
え顔《がお》でしょ？

▲ガンカオさん

ハジッコしまの町人《ちょうにん》。朝《あさ》は毎日《まいにち》石《せっ》けんでせん顔《がん》をしている。

首

9画《かく》

よみ
シュ
くび

いみ
くび。はじめ。ひきいる人《ひと》。など。

わたしは首《くび》の
長《なが》さランキング
首《しゅ》いです！

▲シューキリン

ハジッコしまの町人《ちょうにん》。首《くび》が長《なが》くて遠《とお》くを見《み》ることができるのが自《じ》まん。

心

4画《かく》

よみ

シン
こころ

いみ

こころ。心《しん》ぞう。思《おも》い。
真《ま》ん中《なか》。

心《こころ》がウキウキ。
心《しん》ぞうが
ドキドキするね。

▲ココロさん

ハジッコしまの町人《ちょうにん》。とても心《こころ》が広《ひろ》くてやさしい。

体

7画

よみ

タイ
からだ

いみ

からだ。かたち。
ありさま。など。

体《からだ》をきたえる
ために体《たい》そう
をしよう！

▲タイドン

ハジッコしまの町人《ちょうにん》。体《からだ》をうごかすことが大《だい》すきで、体力《たいりょく》自《じ》まん。

声

7画

よみ

セイ
こえ

いみ

こえ。音《おと》。ひょうばん。
など。

大《おお》きな声《こえ》で
声《せい》えんを
おくるよ。

▲セイセイ

ハジッコしまの町人《ちょうにん》。とてつもなく大《おお》きな声《こえ》が出《だ》せる。

親

16画

よみ

シン
おや
した(しい)　した(しむ)

いみ

おや。みうち。
なかがよい。など。

きみとぼくは
親友《しんゆう》さ。
親《おや》ゆびでタッチ！

▲シンシン

ハジッコしまの町人《ちょうにん》。町《まち》の人《ひと》みんなと親《した》しい。

友

4画《かく》

よみ
ユウ
とも

いみ
ともだち。なかがよい。

▲ユウユ

みんな友《とも》だち。友《ゆう》じょうはえい遠《えん》だ。

ハジッコしまの町人《ちょうにん》。だれとでもすぐに親友《しんゆう》になれる。

父

4画《かく》

よみ
フ
ちち

いみ
おとうさん。など。

▲トウサン

わたしのそ父《ふ》は父《ちち》の父《ちち》ということですね。

たびの家《か》ぞくの父親《ちちおや》。りっぱなひげが自《じ》まん。

母

5画

よみ
ボ
はは

いみ
おかあさん。ものを生《う》み出《だ》すもとになるもの。

▲カアサン

わたしは四人《よにん》の子《こ》どもの母親《ははおや》です。

たびの家《か》ぞくの母親《ははおや》。子《こ》どもたちにとてもやさしい。

姉

8画

よみ
あね

いみ
おねえさん。女《おんな》の人《ひと》をうやまって言《い》うことば。

▲ネエサン

わたしは姉《あね》。兄《あに》と妹《いもうと》と弟《おとうと》がいるよ。

たびの家《か》ぞくの姉《あね》。四人《よにん》きょうだいの二番目《にばんめ》で、とてもおしゃれ。

妹

8画《かく》

よみ
いもうと

いみ
いもうと。

わたしは妹《いもうと》。兄《あに》と姉《あね》と弟《おとうと》がいるよ。

▲マイマイ

たびの家《か》ぞくの妹《いもうと》。四人《よにん》きょうだいの三番目《さんばんめ》で、しっかりもの。

兄

5画《かく》

よみ
キョウ
あに

いみ
おにいさん。目上《めうえ》の人《ひと》をうやまって言《い》うことば。

兄弟《きょうだい》の兄《あに》としてがんばります。

▲アニヤン

たびの家《か》ぞくの兄《あに》。四人《よにん》きょうだいのいちばん上《うえ》で、とてもたよりになる。

弟

7画《かく》

よみ
ダイ
おとうと

いみ
おとうと。など。

ぼくはみんなの弟《おとうと》。いちばん年下《としした》さ。

▲ダイダイ

たびの家《か》ぞくの弟《おとうと》。四人《よにん》きょうだいの四番目《よんばんめ》で、あまえんぼう。

引

4画《かく》

よみ
イン
ひ(く)
ひ(ける)

いみ
ひっぱる。のばす。つれていく。など。

ものを強引《ごういん》に引《ひ》っぱったらこわれるよ。

▲ヒッパルン

おもちゃ工場《こうじょう》ではたらく。じつは弓矢《ゆみや》がとくい。

切

4画《かく》

よみ

セツ
き(る)
き(れる)

いみ

きる。さしせまる。ぴったりする。など。

切《き》るのはとくい。すっぱり切《せつ》だんするぞ。

▲キリー

おもちゃ工場《こうじょう》ではたらく。しごと道《どう》ぐを大切《たいせつ》にしている。

作

7画《かく》

よみ

サ
サク
つく(る)

いみ

つくる。つくられたもの。行《おこな》う。など。

新作《しんさく》のおもちゃを作《つく》ったぞ！

▲コーサク

おもちゃ工場《こうじょう》ではたらく。手先《てさき》がき用《よう》で、工作《こうさく》がとくい。

回

6画《かく》

よみ

カイ
まわ(す)
まわ(る)

いみ

まわる。もとにもどす。ふりかえる。など。

回《かい》てんして工場《こうじょう》を見《み》回《まわ》るぞ。

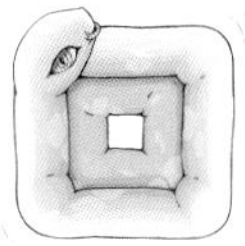

▲カイジャ

おもちゃ工場《こうじょう》のけいびいん。毎日《まいにち》目《め》が回《まわ》るほどいそがしい。

会

6画《かく》

よみ

カイ
あ(う)

いみ

あう。出《で》あう。あつまり。ちょうどそのとき。など。

また会《あ》いましたね。会話《かいわ》をしましょう。

▲イカカイ

ハジッコしまのりょ行会社《こうかいしゃ》の社長《しゃちょう》。人《ひと》に会《あ》うのがすき。

来

7画《かく》

よみ

ライ
く(る)

いみ

くる。これから先《さき》。など。

来《らい》年《ねん》また
ここに
来《き》てください。

▲ライライ

ハジッコしまのりょ行会社《こうかいしゃ》ではたらく。会社《かいしゃ》に来《き》た人《ひと》の用《よう》じを聞《き》く。

行

6画《かく》

よみ

ギョウ　コウ
い(く)　おこな(う)
ゆ(く)

いみ

ゆく。おこなう。
ぎょうれつ。など。

りょ行《こう》に行《い》き
たいなら、うけ
つけを行《おこな》うよ。

▲イクサブロー

ハジッコしまのりょ行会社《こうかいしゃ》ではたらく。行《こう》どうがはやい。

帰

10画《かく》

よみ

キ
かえ(す)
かえ(る)

いみ

もとのところにもどる。
もどす。など。

帰《かえ》るまでが
りょ行《こう》。帰《き》たく
も気《き》をつけて。

▲キサブロー

ハジッコしまのりょ行会社《こうかいしゃ》ではたらく。帰《かえ》りまで親切《しんせつ》におくってくれる。

止

4画《かく》

よみ

シ
と(まる)
と(める)

いみ

とまる。とめる。やめる。

止《と》まって！
ここで走《はし》るのは
きん止《し》ですよ。

▲ストップン

ハジッコしまのはしの番人《ばんにん》。わたる人《ひと》をいったん止《と》めるのがしごと。

歩

8画《かく》

よみ

ホ
あゆ（む）
ある（く）

いみ

あるく。すすむ。
なりゆき。など。

歩《ある》くのがすき。
いつもさん歩《ぽ》
してるよ。

▲アユム

シマジマしょとうのたび人《びと》。歩《ある》いてたびをするのがすき。

走

7画《かく》

よみ

ソウ
はし（る）

いみ

はしる。にげる。

走《はし》るのがすき。
みんなで
きょう走《そう》だ！

▲ハシリータ

シマジマしょとうのたび人《びと》。いつもいそいで走《はし》っている。

通

10画《かく》

よみ

ツウ
かよ（う）
とお（す）　とお（る）

いみ

とおる。とおす。かよう。
すべて。など。

ここは一《いっ》方《ぽう》通《つう》行《こう》。
一《いち》ど通《とお》ったら
もどれないよ。

▲トール

ハジッコしまのはしの番人《ばんにん》。人《ひと》を通《とお》すのがしごと。

考

6画《かく》

よみ

コウ
かんが（える）

いみ

かんがえる。しらべる。

何《なん》でも
よく考《かんが》えて。
思《し》考《こう》が大《たい》切《せつ》。

▲コースケはかせ

ニコメしまの学《がく》しゃ。いつもむずかしいことを考《かんが》えている。

思

9画《かく》

よみ

シ
おも(う)

いみ

おもう。かんがえる。
かんがえ。など。

いい思《おも》い出《で》を作《つく》ってほしいと思《おも》っているよ。

▲シーさんはかせ

ニコメしまの学《がく》しゃ。いろいろなことを思《おも》いつくアイデアマン。

合

6画《かく》

よみ

カッ　ガッ　ゴウ
あ(う)　あ(わす)
あ(わせる)

いみ

あう。一《ひと》つになる。
あてはまる。など。

テストの答《こた》え合《あ》わせ。合《ごう》かくできるかな。

▲ゴースケはかせ

ニコメしまの学《がく》しゃ。テストの答《こた》え合《あ》わせがとくい。

当

6画《かく》

よみ

トウ
あ(たる)
あ(てる)

いみ

あたり。ちょうどあてはまる。ぶつかる。など。

当《あ》てずっぽうは本《ほん》当《とう》に当《あ》たらないよ。

▲トーアはかせ

ニコメしまの学《がく》しゃ。クイズの答《こた》えを当《あ》てるのがしゅみ。

聞

14画《かく》

よみ

ブン
き(く)
き(こえる)

いみ

きく。きこえる。
ニュース。など。

ぼくは新《しん》聞《ぶん》記《き》しゃ。いろんなことを聞《き》かせて。

▲ブーン記者《きしゃ》

シマジマしょとうで、ひみつをさぐる新聞《しんぶん》記《き》しゃ。

言

7画《かく》

よみ

ゲン　ゴン

い（う）

こと

いみ

ものをいう。ことば。

いろんな
言《こと》ばで
言《い》うよ。

▲コトハ

ニコメしまにすむ、おしゃべりずき。たくさん言《こと》ばを知《し》っている。

話

13画《かく》

よみ

ワ

はなし

はな（す）

いみ

はなし。はなす。

ぼくが話《はな》す
どう話《わ》の話《はなし》を
よく聞《き》いて。

▲ハナシータ

ニコメしまにすむ、おしゃべりずき。話《はなし》が長《なが》い。

鳴

14画《かく》

よみ

メイ

な（く）　な（らす）

な（る）

いみ

鳥《とり》など生《い》きものがなく。音《おと》が出《で》る。

鳥《とり》が鳴《な》いてる。
とってもいい
鳴《な》き声《ごえ》だね。

▲メイメイ

ニコメしまにすんでいる。鳥《とり》の鳴《な》きまねがとくい。

市

5画《かく》

よみ

シ

いち

いみ

いち。しょうばい。まち。市町村《しちょうそん》の市《し》。

市場《しじょう》と市場《いちば》。
二《ふた》つの読《よ》み方《かた》
があるよ。

▲イチウサギ

ニコメしまの市場《いちば》をあん内《ない》するカンジュウ。

買

よみ

バイ

か(う)

12画《かく》

いみ

ものをかう。

買《か》いものに来《き》たの？

何《なに》を買《か》う？

▲バーイ

ニコメしまの市場《いちば》ではたらいている。買《か》うのも買《か》ってもらうのもすき。

売

よみ

バイ

う(る)

う(れる)

7画《かく》

いみ

うる。広《ひろ》める。

新《しん》はつ売《ばい》のしょうひんを売《う》るよ。

▲バイン

ニコメしまの市場《いちば》ではたらいている。たくさんのものを売《う》っている。

用

よみ

ヨウ

もち(いる)

5画《かく》

いみ

もちいる。

はたらき。

しないといけないこと。など。

用《よう》があるならまずバナナを用《よう》いして。

▲ヨーモン

ニコメしまの市場《いちば》ではたらいている。「しん用《よう》だい一《いち》」が口《くち》ぐせ。

交

6画《かく》

よみ

コウ
まじ(わる)
まじ(える)
ま(じる)　ま(ざる)
ま(ぜる)

いみ

まじわる。やりとりする。かわるがわる。つきあう。
など。

ちがうものが交《ま》ざっていたら、交《こう》かんするよ。

▲マジさん

ニコメしまの市場《いちば》のリーダー。休《やす》みの人《ひと》がいるときは、店番《みせばん》を交《こう》たいする。

数

13画《かく》

よみ

スウ
かず
かぞ(える)

いみ

かず。かぞえる。
いくつかの。

算《さん》数《すう》の時間《じかん》です。数《かず》を数《かぞ》えましょう。

▲スージー先生《せんせい》

ニコメしまの小学校《しょうがっこう》の先生《せんせい》。数《かず》を数《かぞ》えるのが大《だい》すき。

計

9画《かく》

よみ

ケイ
はか(る)
はか(らう)

いみ

かぞえる。はかる。
考《かんが》えをめぐらす。
計画《けいかく》する。

時間《じかん》を計《はか》って計《けい》算《さん》のテストをするよ。

▲ハカリン先生《せんせい》

ニコメしまの小学校《しょうがっこう》の先生《せんせい》。計算《けいさん》もんだいが大《だい》すき。

算

14画《かく》

よみ

サン

いみ

かぞえる。見《み》こみ。など。

算《さん》数《すう》の時《じ》間《かん》に計《けい》算《さん》もんだいを出《だ》すよ。

▲サンサン先生《せんせい》

ニコメしまの小学校《しょうがっこう》の先生《せんせい》。
算数《さんすう》を教《おし》えるのがとくい。

組

11画《かく》

よみ

ソ
く(む)
くみ

いみ

くむ。くみたてる。
なかま。など。

いろいろな組《く》み合《あ》わせで考《かんが》えましょう。

▲クミ校長《こうちょう》

ニコメしまの小学校《しょうがっこう》の校長先生《こうちょうせんせい》。
組分《くみわ》けや組《く》み合《あ》わせを考《かんが》えている。

才

3画《かく》

よみ

サイ

いみ

生《う》まれつきもっているのう力《りょく》。知《ち》えがある。

ぼくは才《さい》のうあふれる天才《てんさい》だよ。

▲サイサイ先生《せんせい》

ニコメしまの小学校《しょうがっこう》の先生《せんせい》。
いろんな才《さい》のうをもっている。

理

11画《かく》

よみ

リ

いみ

ものごとのすじ道《みち》。
わかる。ととのえる。など。

ぼくが理《り》科《か》をすきな理《り》ゆうを教《おし》えようか？

▲リリー先生《せんせい》

ニコメしまの小学校《しょうがっこう》の先生《せんせい》。
理科《りか》が大《だい》すきで理《り》くつっぽい。

科

9画《かく》

よみ
カ

いみ
く分《わ》け。つみ。など。

科《か》学《がく》がすき？
百《ひゃっ》科《か》じてんを
読《よ》もう。

▲カカ先生《せんせい》

ニコメしまの小学校《しょうがっこう》の先生《せんせい》。
いつも科学《かがく》のじっけんをしている。

語

14画《かく》

よみ
ゴ
かた(る)
かた(らう)

いみ
かたる。ことば。

国語《こくご》の時間《じかん》に
むかし話《ばなし》について
語《かた》りましょう。

▲カタル先生《せんせい》

ニコメしまの小学校《しょうがっこう》の先生《せんせい》。
えい語《ご》もしゃべれるらしい。

読

14画《かく》

よみ
ドク　トク
トウ
よ(む)

いみ
よむ。いみをよみとる。
文《ぶん》のくぎり。

本《ほん》を読《よ》むなら
音読《おんどく》をすると
いいですよ。

▲ドクトク先生《せんせい》

ニコメしまの小学校《しょうがっこう》の先生《せんせい》。
毎日《まいにち》３さつ、読書《どくしょ》をする。

記

10画《かく》

よみ
キ
しる(す)

いみ
しるす。文書《ぶんしょ》。しるし。
おぼえる。

記《き》ねんに
サインを
書《か》き記《しる》したよ。

▲キーシル先生《せんせい》

ニコメしまの小学校《しょうがっこう》の先生《せんせい》。
毎日《まいにち》、日記《にっき》をかかさない。

書

10画《かく》

よみ

ショ
か(く)

いみ

かく。文字《もじ》。かいたもの。本《ほん》。

読書《どくしょ》も、
文《ぶん》を書《か》くのも
大《だい》すきです。

▲ショーセキ先生《せんせい》

ニコメしまの小学校《しょうがっこう》の先生《せんせい》。
ひそかに小《しょう》せつを書《か》いている。

楽

13画《かく》

よみ

ガク　ラク
たの(しい)
たの(しむ)

いみ

音楽《おんがく》。たのしい。

音楽《おんがく》の
じゅぎょうは
とても楽《たの》しい！

▲ラクガク先生《せんせい》

ニコメしまの小学校《しょうがっこう》の先生《せんせい》。
音楽好《おんがくず》きで気楽《きらく》なせいかく。

歌

14画《かく》

よみ

カ
うた
うた(う)

いみ

うたう。うた。

歌《うた》が好《す》きで、
歌手《かしゅ》になりた
かったんだ。

▲ウタチャン先生《せんせい》

ニコメしまの小学校《しょうがっこう》の先生《せんせい》。
自分《じぶん》で作《つく》った歌《うた》がたくさんある。

絵

12画《かく》

よみ

エ
カイ

いみ

え。ものをえがいたもの。

これから
絵本《えほん》を読《よ》んで
絵画《かいが》を見《み》ます。

▲エーカイ先生《せんせい》

ニコメしまの小学校《しょうがっこう》の先生《せんせい》。
絵《え》をかくのがとくい。

画

8画《かく》

よみ
ガ
カク

いみ
絵《え》。絵《え》をかく。くぎる。考《かんが》えをめぐらす。など。

画《が》用《よう》紙《し》を買《か》う
計《けい》画《かく》を
立《た》てました。

▲ガガ先生《せんせい》

ニコメしまの小学校《しょうがっこう》の先生《せんせい》。
いろいろな計画《けいかく》を立《た》てるのがすき。

図

7画《かく》

よみ
ズ
ト

いみ
ず。え。はかる。計《けい》画《かく》。

図《と》書《しょ》かんで
しまの地《ち》図《ず》を
さがしています。

▲トズ先生《せんせい》

ニコメしまの小学校《しょうがっこう》の先生《せんせい》。
いつも図書《としょ》かんで読書《どくしょ》している。

工

3画《かく》

よみ
ク
コウ

いみ
ものをつくる。ものをつくる人《ひと》。など。

工《く》ふうして
工《こう》作《さく》しま
しょうね。

▲コウ先生《せんせい》

ニコメしまの小学校《しょうがっこう》の先生《せんせい》。
図工《ずこう》を教《おし》えている。細工《さいく》がとくい。

答

12画《かく》

よみ
トウ
こた(え)
こた(える)

いみ
こたえる。こたえ。へんじ。

答《こた》えを
答《とう》あん用《よう》紙《し》に
書《か》いてね。

▲コタエル先生《せんせい》

ニコメしまの小学校《しょうがっこう》の先生《せんせい》。
どんな問《もん》だいの答《こた》えも知《し》っている。

教

11画《かく》

よみ

キョウ
おし(える)
おそ(わる)

いみ

おしえる。おしえ。

教科書《きょうかしょ》をわすれたら教《おし》えてね。

▲キョウ先生《せんせい》

ニコメしまの小学校《しょうがっこう》の先生《せんせい》。人《ひと》に教《おし》えるのが大《だい》すき。

知

8画《かく》

よみ

チ
し(る)

いみ

しる。しらせる。しりあい。ちえ。など。

知《ち》しきを学《まな》んで、もの知《し》りになろう。

▲チーサマ先生《せんせい》

ニコメしまの小学校《しょうがっこう》の先生《せんせい》。だれよりも知《ち》しきがある。

食

9画《かく》

よみ

ショク
く(う)
た(べる)

いみ

たべる。たべもの。むしばむ。など。

昼食《ちゅうしょく》まだなの？何《なに》か食《た》べていくかい？

▲ショクねえさん

ニコメしまのレストランのコック。食《た》べるものは何《なん》でも作《つく》れる。

肉

6画《かく》

よみ

ニク

いみ

にく。からだ。ちのつながりのある人《ひと》。など。

肉《にく》りょう理《り》なら、牛肉《ぎゅうにく》のステーキあるよ。

▲ニック

ニコメしまのレストランのコック。肉《にく》りょう理《り》がとくい。

米

6画《かく》

よみ

ベイ
マイ
こめ

いみ

こめ。メートル（長《なが》さのたんい）。など。

これから米《こめ》をたくんだ。新《しん》米《まい》だよ。

▲コメニャ

ニコメしまのレストランのコック。おいしい米《こめ》をたく。

麦

7画《かく》

よみ

むぎ

いみ

むぎ。

小《こ》麦《むぎ》こから、パンやうどんを作《つく》るよ。

▲ムギさん

ニコメしまのレストランのコック。小《こ》麦《むぎ》でパンやうどんを作《つく》るしょく人《にん》。

国

8画《かく》

よみ

コク
くに

いみ

くに。ふるさと。日《に》本《ほん》の。

国《くに》のリーダーだから国《こく》語《ご》もとくいなのだ。

▲クニオ

ニコメしまの国《くに》のリーダーを目《め》ざしている。少《すこ》しえらそう。

京

8画《かく》

よみ

キョウ

いみ

みやこ。首《しゅ》と。など。

東《とう》京《きょう》？それはどの国《くに》のみやこかな？

▲キョーエモン

ニコメしまにすんでいるお金《かね》もち。東京《とうきょう》のことを知《し》りたがっている。

里

7画《かく》

よみ

リ
さと

いみ

むらざと。生《う》まれそだった場《ば》所《しょ》。など。

里《さと》山《やま》でとれた里《さと》いもをどうぞ。

▲サトヤン

ニコメしまの里《さと》にすんでいる。そぼくなせいかく。

場

12画《かく》

よみ

ジョウ
ば

いみ

ばしょ。とき。げきの一《いち》ばめん。

工《こう》場《じょう》をたてる工《こう》じげん場《ば》でしごとだ。

▲ジョー

ニコメしまで工《こう》じをしている。いろんな場《ば》しょではたらいている。

道

12画《かく》

よみ

ドウ
みち

いみ

みち。人《ひと》がまもらないといけない正《ただ》しい行《おこな》い。など。

新《あたら》しい道《みち》をつくる道《どう》ぐをもってきたよ。

▲ドーロード

シマジマしょとうで道《どう》ろ工《こう》じをしている。いろんな道《みち》を知《し》っている。

店

8画《かく》

よみ

テン
みせ

いみ

みせ。ものを売《う》る場《ば》所《しょ》。

いろんな店《みせ》をひらくよ。まずは書《しょ》店《てん》だ!

▲ミセテン

ニコメしまの小《ちい》さな村《むら》でいろいろな店《みせ》をやっている。はたらきもの。

社

7画《かく》

よみ

シャ
やしろ

いみ

かみをまつるやしろ。ある目《もく》てきをもつ人《ひと》たちがつくったあつまり。など。

会社《かいしゃ》でしごとをした後《あと》にじん社《じゃ》に行《い》く。

▲シャカンヌシさん

ニコメしまの小《ちい》さな村《むら》のじん社《じゃ》のかんぬし。いつもいそがしい。

寺

6画《かく》

よみ

ジ
てら

いみ

てら。

寺《てら》とじん社《じゃ》をまとめて寺社《じしゃ》というよ。

▲テラジさん

ニコメしまの小《ちい》さな村《むら》の寺《てら》のおぼうさん。のんびりや。

園

13画《かく》

よみ

エン

いみ

にわ。ある目《もく》てきでつくられた人《ひと》のあつまる場所《ばしょ》。など。

どうぶつ園《えん》の園長《えんちょう》になるのがゆめじゃ。

▲エンノスケ

ニコメしまの小《ちい》さな村《むら》にすんでいる。どうぶつ園《えん》をひらきたい。

家

10画《かく》

よみ

カ
ケ
いえ
や

いみ

いえ。かぞく。せんもんか。など。

家《いえ》をたてたらつぎは家《か》ぐを作《つく》るよ。

▲イエモン

ニコメしまの大工《だいく》さん。がんじょうな家《いえ》づくりを目《め》ざしている。

門

よみ

モン

8画《かく》

いみ

もん。人《ひと》やものが出入《でい》りする場所《ばしょ》。家《いえ》がら。なかま。など。

この前《まえ》、学校《がっこう》の校門《こうもん》をつくったんだ。

▲モンド

ニコメしまの大工《だいく》さん。
門《もん》をつくるのがとくい。

室

よみ

シツ

9画《かく》

いみ

へや。ほらあな。一《いち》ぞく。など。

家《いえ》の室内《しつない》に音楽室《おんがくしつ》をつくるかい？

▲シツ先《せん》ぱい

ニコメしまの大工《だいく》さん。
室内《しつない》をかざりつけるのがしごと。

戸

よみ

コ
と

4画

いみ

と。とびら。家《いえ》。

この家《いえ》に雨戸《あまど》をつけてい戸《ど》をほるぜ。

▲コトジロウ

ニコメしまの大工《だいく》さん。
戸《と》とつくものなら何《なん》でもつくる。

紙

よみ

シ
かみ

10画《かく》

いみ

かみ。など。

画用紙《がようし》に書《か》いた手紙《てがみ》をもってきました。

▲カミヤギさん

ニコメしまのゆうびんはいたつ人《にん》。
毎日《まいにち》手紙《てがみ》をくばっている。

刀

2画《かく》

よみ

トウ
かたな

いみ

かたな。はもの。

わしの刀《かたな》は
日本刀《にほんとう》である。

▲トウザムライ

シマジマしょとうをたびする
せんし。刀《かたな》を大《だい》じにしている。

弓

3画《かく》

よみ

ゆみ

いみ

ゆみ。

ぼくの弓《ゆみ》の
うでは
百《ひゃっ》ぱつ百中《ひゃくちゅう》！

▲弓使《ゆみつか》いのキュー

ニコメしまのたびのりょうし。
弓矢《ゆみや》の名人《めいじん》。

矢

5画《かく》

よみ

や

いみ

や。

ぼくは弓矢《ゆみや》の
矢《や》を作《つく》る
たん当《とう》さ。

▲ヤッチャン

ニコメしまのたびのりょうし。
矢《や》を作《つく》っている。

台

5画《かく》

よみ

タイ
ダイ

いみ

高《たか》い場所《ばしょ》。のせるもの。車《くるま》
などを数《かぞ》えることば。など。

台風《たいふう》の中《なか》を車《くるま》が
五台《ごだい》走《はし》って
来《き》たぞ。

▲ダイちゃん

ニコメしまのみなとではたらく。
台《だい》どころでりょう理《り》をするのが
しゅみ。

汽

7画《かく》

よみ

キ

いみ

ゆげ。

汽車《きしゃ》に汽船《きせん》、のりものは何《なん》でも大《だい》すきさ。

▲ユゲスキー

ニコメしまの船《ふな》のり。ゆ気《げ》のようにふわふわしている。

電

13画《かく》

よみ

デン

いみ

いなずま。でんき。など。

電《でん》気《き》で走《はし》る電《でん》車《しゃ》を見《み》てみたいな。

▲デンデン

ニコメしまのみなとではたらく。電気《でんき》を作《つく》ることができる。

船

11画《かく》

よみ

セン
ふな
ふね

いみ

ふね。大《おお》きなふね。

わたしのきゃく船《せん》は大《おお》きな船《ふね》です。

▲フネ船長《せんちょう》

ニコメしまのきゃく船《せん》の船長《せんちょう》。せきにんかんが強《つよ》い。

馬

10画《かく》

よみ

バ
うま

いみ

うま。

友《とも》だちの馬《うま》が馬《ば》車《しゃ》を引《ひ》いているよ。

▲バリッキー

ミッツメしまの草原《そうげん》でくらす。馬力《ばりき》があるのが自《じ》まん。

牛

4画《かく》

よみ

ギュウ
うし

いみ

うし。

牛《うし》のおちちを
牛《ぎゅう》にゅうと
いうよ。

▲ギューギュー

ミッツメしまの草原《そうげん》にすむ。
おいしい牛《ぎゅう》にゅうを売《う》っている。

鳥

11画《かく》

よみ

チョウ
とり

いみ

とり。

野《や》鳥《ちょう》の小《こ》鳥《とり》と
あそんで
いるんだ。

▲トリン

ミッツメしまの草原《そうげん》にすんでいる。
鳥《とり》のオーケストラのリーダー。

魚

11画《かく》

よみ

ギョ
うお
さかな

いみ

さかな。

ぼくは人魚《にんぎょ》
じゃなくて
魚《さかな》だよ。

▲ウオギョ

ミッツメしまの海《うみ》にすむ。人魚《にんぎょ》に
まちがわれるのがなやみ。

羽

6画《かく》

よみ

は
はね

いみ

はね。つばさ。鳥《とり》などを
数《かぞ》えることば。

きれいな羽《はね》の
鳥《とり》が三《さん》羽《ば》
いたよ。

▲ウーモ

ミッツメしまの草原《そうげん》にすむ。
羽《はね》のように体《からだ》がかるい。

角

7画《かく》

よみ

カク
かど
つの

いみ

つの。かど。とがったところ。など。

その角《かど》の先《さき》に
四《し》角《かく》い広《ひろ》場《ば》が
あるよ。

▲ツノッキー

ミッツメしまの草原《そうげん》にすむ。
りっぱな角《つの》が自《じ》まん。

海

9画《かく》

よみ

カイ
うみ

いみ

うみ。広《ひろ》くて大《おお》きいことのたとえ。

このしまの海《うみ》で
海《かい》水《すい》よくを
するといいよ。

▲ウミカイさま

ミッツメしまにすむ海《うみ》のせいれい。
海《うみ》のように心《こころ》が広《ひろ》い。

岩

8画《かく》

よみ

ガン
いわ

いみ

いわ。

大《おお》きな岩《がん》石《せき》が
ころがる
岩《いわ》場《ば》があるよ。

▲ガンちゃん

ミッツメしまにすむ岩《いわ》のせいれい。
がんこもの。

谷

7画《かく》

よみ

たに

いみ

たに。

谷《たに》間《ま》に
きれいな花《はな》が
さいているね。

▲タニー

ミッツメしまにすむ谷《たに》のせいれい。
とてもやさしい。

地

6画《かく》

よみ

ジ
チ

いみ

つち。大《だい》ち。かぎられた場《ば》所《しょ》。み分《ぶん》。立場《たちば》。生《う》まれつき。

この土地《とち》の地面《じめん》をほるぞ。

▲ジートン

ミッツメしまにすむ大地《だいち》のせいれい。池《いけ》とまちがわれるのがなやみ。

池

6画《かく》

よみ

チ
いけ

いみ

いけ。

電池《でんち》でうごくおもちゃの船《ふね》が池《いけ》にあるぞ。

▲チートン

ミッツメしまにすむ池《いけ》のせいれい。地《ち》とまちがわれるのがなやみ。

星

9画《かく》

よみ

セイ
ほし

いみ

ほし。目当《めあ》て。えらい人《ひと》。時《とき》のながれ。

星《せい》ざは星《ほし》をつないだものだよ。

▲セイスター

ミッツメしまにすむ星《ほし》のせいれい。ミッツメしまの大《だい》スター。

光

6画《かく》

よみ

コウ
ひか(る)
ひかり

いみ

ひかり。ひかる。名声《めいせい》。けしき。など。

光《ひかり》かがやく日光《にっこう》がまぶしいね。

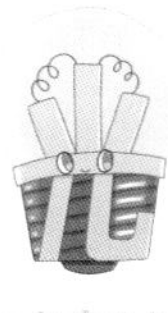

▲ヒカルン

ミッツメしまにすむ光《ひかり》のせいれい。光《ひか》りかがやいている。

野

11画《かく》

よみ

ヤ
の

いみ

のはら。しぜんのまま。かざりけのない。など。

野《の》原《はら》で野《や》きゅうをしたよ。

▲ヤノさん

ミッツメしまにすむ野原《のはら》のせいれい。草木《くさき》をそだてるのがすき。

原

10画《かく》

よみ

ゲン
はら

いみ

はら。広《ひろ》くてたいらな土《と》地《ち》。ものごとのはじめ。

草原《そうげん》は草原《くさはら》とも読《よ》むよ。

▲ハラちゃん

ミッツメしまにすむ野原《のはら》のせいれい。広《ひろ》い場《ば》しょがすき。

雲

12画《かく》

よみ

ウン
くも

いみ

くも。くものように見《み》えるもの。

雲《くも》が出《で》てきた。雨雲《あまぐも》だ。雨《あめ》がふるぞ。

▲ウンモン

ミッツメしまにすむ雲《くも》のせいれい。空《そら》にふわふわうかんでいる。

雪

11画《かく》

よみ

セツ
ゆき

いみ

ゆき。すすぐ。

雪《ゆき》がふったら雪《ゆき》かきをするんだ。

▲ユキモン

ミッツメしまにすむ雪《ゆき》のせいれい。雪《ゆき》だるま作《づく》りがすき。

風

9画《かく》

よみ

フウ
かざ
かぜ

いみ

かぜ。しきたり。すがた。おもむき。うわさ。など。

風《ふう》船《せん》をふくらませて風《かぜ》でとばそう。

▲フーヤ

ミッツメしまにすむ風《かぜ》のせいれい。
風《かぜ》のようにす早《ばや》い。

晴

12画《かく》

よみ

セイ
は(らす)
は(れる)

いみ

はれる。雲《くも》がなく、お日《ひ》さまがかがやく。

ぼくは晴《は》れがすき。晴《せい》天《てん》の日《ひ》はウキウキ！

▲セイタロー

お日《ひ》さまのせいれいの子《こ》ども。
天《てん》気《き》を晴《は》れにできる。

春

9画《かく》

よみ

シュン
はる

いみ

はる。年《とし》のはじめ。わかくて元《げん》気《き》な年《とし》ごろ。

春《はる》は青《せい》春《しゅん》のきせつだと思《おも》わないかい？

▲ハルさん

きせつのせいれい。春《はる》をたん当《とう》している。さむさがにが手《て》。

夏

10画《かく》

よみ

カ
なつ

いみ

なつ。

ぼくには夏《なつ》休《やす》みがない。でも夏《なつ》は大《だい》すき。

▲ナッツン

きせつのせいれい。夏《なつ》をたん当《とう》している。あつさに強《つよ》い。

秋

よみ

シュウ
あき

いみ

あき。年《とし》月《つき》。

9画《かく》

秋《しゅう》分《ぶん》の日《ひ》から、秋《あき》がふかまっていくぞ。

▲アキちゃん

きせつのせいれい。秋《あき》をたん当《とう》している。おいしいものがすき。

冬

よみ

トウ
ふゆ

いみ

ふゆ。

5画《かく》

冬《ふゆ》は冬《とう》みんする生《い》き物《もの》も多《おお》いね。

▲フユリン

きせつのせいれい。冬《ふゆ》をたん当《とう》している。雪合《ゆきがっ》せんがとくい。あついととける。

午

よみ

ゴ

いみ

うま。十二《じゅうに》しの七番目《ななばんめ》。午前《ごぜん》十《じゅう》一時《いちじ》から午後《ごご》一時《いちじ》まで。など。

4画《かく》

ぼくのしごとは午前《ごぜん》も午後《ごご》もあるんだ。

▲ゴーマ

時間《じかん》のせいれいのリーダー。よく牛《うし》とまちがわれるのがなやみのたね。

朝

よみ

チョウ
あさ

いみ

あさ。ほんの少《すこ》しの時《じ》間《かん》。など。

12画《かく》

毎《まい》朝《あさ》、朝《ちょう》食《しょく》が楽《たの》しみなのさ。

▲チョースケ

時間《じかん》のせいれい。朝《あさ》をたん当《とう》している。とても早《はや》おき。

昼

9画《かく》

よみ
チュウ
ひる

いみ
ひるま。

もう昼《ひる》だね。昼食《ちゅうしょく》を食《た》べようよ。

▲チューやん

時間《じかん》のせいれい。昼《ひる》をたん当《とう》。ぽかぽかあたたかいせいかく。

夜

8画《かく》

よみ
ヤ
よ
よる

いみ
よる。

今夜《こんや》はとてもくらい夜《よる》だね。

▲ヨルーヤ

時間《じかん》のせいれい。夜《よる》をたん当《とう》。夜《よる》になると元気《げんき》になる。

毎

6画《かく》

よみ
マイ

いみ
いつも。そのたびごとに。

わたしは毎日《まいにち》計画《けいかく》がいっぱいよ！

▲マイさん

ミッツメしまにすむ。毎日《まいにち》とにかくいそがしい。

週

11画《かく》

よみ
シュウ

いみ
日曜日《にちようび》から土曜日《どようび》までの七日間《なのかかん》。

ぼくは今週《こんしゅう》、一週間《いっしゅうかん》漢字《かんじ》のとっくんだ。

▲シュウヘイ

ミッツメしまにすむ。一週間《いっしゅうかん》のよていを考《かんが》えるのが何《なに》より楽《たの》しみ。

曜

18画《かく》

よみ　ヨウ

いみ　ようび。

きみは何《なん》曜《よう》日《び》がすき？
ぼくは日《にち》曜《よう》日《び》がすき。

▲ヨービン

ミッツメしまにすむ。
月曜日《げつようび》から金曜日《きんようび》まで
よていがびっしり。

時

10画《かく》

よみ　ジ　とき

いみ　じかん。そのとき。じだい。四《し》き。
など。

この前《まえ》のまん月《げつ》の時《とき》、
同時《どうじ》にながれ星《ぼし》も見《み》たよ。

▲トキオ

ミッツメしまの時計台《とけいだい》で
はたらく。時間《じかん》にはとても
きびしい。

分

4画《かく》

よみ　ブ
フン　ブン
わ(かつ)　わ(かる)
わ(かれる)
わ(ける)

いみ　わける。べつべつ
にする。ていど。
みぶん。時間《じかん》を数《かぞ》
えることば。など。

あと五分《ごふん》たったら、
おかしを分《わ》けてあげよう。

▲ブーン

ミッツメしまの時計台《とけいだい》ではた
らく。気分《きぶん》しだいでおかしを
刀《かたな》で切《き》り分《わ》けてくれる。

今

4画《かく》

よみ

コン
いま

いみ

いま。このとき。近《ちか》ごろ。など。

今《いま》、何《なに》してる？今《こん》どいっしょにあそぼう！

▲コンフラー

ミッツメしまの時計台《とけいだい》ではたらく。今《いま》を楽《たの》しむタイプ。

前

9画《かく》

よみ

ゼン
まえ

いみ

まえ。まえもって。これまで。

午《ご》前《ぜん》中《ちゅう》、べん強《きょう》する前《まえ》にさん歩《ぽ》したよ。

▲マエダ

まほうつかいのなかま。人前《ひとまえ》に出《で》るのがすき。

後

9画《かく》

よみ

ゴ　コウ
あと
うし(ろ)　のち

いみ

あと。うしろ。おくれる。

午《ご》後《ご》、べん強《きょう》の後《あと》にうんどうをしたんだ。

▲ウシローイ

まほうつかいのなかま。いつも後《うし》ろを気《き》にしている。

外

5画《かく》

よみ

ガイ
そと　ほか
はず(す)　はず(れる)

いみ

そと。ほか。よそ。はずす。はずれた場所《ばしょ》。

家《いえ》の外《そと》から外国《がいこく》のことばが聞《き》こえたぞ。

▲ガイト

まほうつかいのなかま。家《いえ》の外《そと》であそぶのがすき。

内

4画《かく》

よみ

ナイ
うち

いみ

うち。家《いえ》の中《なか》。なかまの中《なか》。こっそり。など。

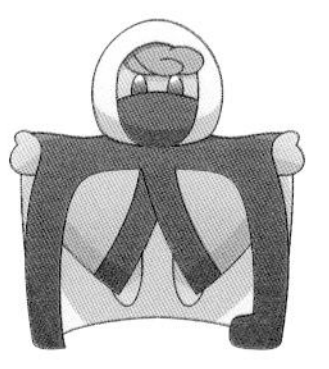

体《からだ》の内《うち》がわを体内《たいない》と いうんだよ。

▲ナイナイ

まほうつかいの友《とも》だち。
じつは内《うち》気《き》なせいかく。

強

11画《かく》

よみ

キョウ
つよ(い)
つよ(まる)
つよ(める)

いみ

つよい。力《ちから》がある。かたい。むりにする。など。

ぼくは力《ちから》は強《つよ》いけど べん強《きょう》はにが手《て》だな。

▲キョータロー

たんけん家《か》。気《き》は強《つよ》いが、
アクシデントには弱《よわ》い。

弱

10画《かく》

よみ

ジャク
よわ(い)
よわ(める)
よわ(まる)
よわ(る)

いみ

よわい。力《ちから》がない。年《とし》がわかい。など。

ぼくは弱《よわ》虫《むし》じゃないよ。弱点《じゃくてん》が多《おお》いだけなんだ。

▲ジャクソン

たんけん家《か》。気《き》は弱《よわ》いが、
ぼうけんずき。

明

8画《かく》

よみ

ミョウ　メイ
あ(かす)　あ(からむ)
あ(かり)　あか(るい)
あか(るむ)　あき(らか)　あ(く)　あ(くる)
あ(ける)

いみ

あかるい。はっきりしている。あかり。夜《よる》があける。など。

明《あ》かりならまかせて。しょう明《めい》をつけるよ。

▲ショーメイ

たんけん家《か》。とても明《あか》るいせいかくで、ピンチの時《とき》もわらっている。

遠

13画《かく》

よみ

エン
とお(い)

いみ

とおい。とおざける。親《した》しくない。

遠《とお》くの国《くに》から遠《えん》足《そく》に来《き》たのかい？

▲トーエン

たんけん家《か》。遠《とお》くを見《み》ることのできるぼう遠《えん》きょうが自《じ》まん。

近

7画《かく》

よみ

キン
ちか(い)

いみ

ちかい。ちかづく。親《した》しい。

さい近《きん》、新《あたら》しい近《ちか》道《みち》をはっ見《けん》したんだ。

▲キンキン

たんけん家《か》。目《もく》てき地《ち》までの近《ちか》道《みち》をさがすのがとくい。

高

10画《かく》

よみ

コウ
たか
たか(い)
たか(まる)
たか(める)

いみ

たかい。ねだんがたかい。み分《ぶん》がたかい。すぐれている。など。

高原《こうげん》にあるせの高《たか》い木《き》にのぼったぞ。

▲タカーイ

たんけん家《か》。とてもせが高《たか》く、高《たか》い場《ば》しょが大《だい》すき。

広

5画《かく》

よみ

コウ
ひろ(い) ひろ(がる) ひろ(げる) ひろ(まる)
ひろ(める)

いみ

ひろい。ひろまる。ひろげる。

広《ひろ》場《ば》まで、広《ひろ》い道《みち》を通《とお》って行《い》こう!

▲ヒロイ

たんけん家《か》。せかいでいちばん広《ひろ》い草原《そうげん》をさがしている。

古

5画《かく》

よみ

コ
ふる(い)
ふる(す)

いみ

ふるい。むかし。

古《こ》だいのいせきで古《ふる》いおさらをはっ見《けん》したぞ。

▲フルじい

ミッツメしまにすむ学《がく》しゃ。古《こ》だいのいせきをけんきゅうしている。

新

13画《かく》

よみ

シン
あたら(しい)
あら(た)

いみ

あたらしい。あたらしくする。

新《あたら》しいはっ見《けん》だ。新《しん》しゅの花《はな》だよ！

▲シンシン

ミッツメしまにすむたんけん家《か》。いつも何《なに》か新《あたら》しいものをさがしている。

番

12画《かく》

よみ

バン

いみ

ものごとのじゅんばん。みはり。など。

みんな、じゅん番《ばん》をまもってね。

▲バンニョロー

ミッツメしまにすむ。じゅん番《ばん》を数《かぞ》えるのがすき。

間

12画《かく》

よみ

カン　ケン
あいだ
ま

いみ

二《ふた》つのもののあいだ。あいま。なか。など。

きみは人間《にんげん》？少《すこ》しの間《あいだ》、話《はなし》を聞《き》いて。

▲アイダマン

ミッツメしまにすむ大工《だいく》。すき間《ま》があるとつい入《はい》ってしまうくせがある。

少

4画《かく》

よみ

ショウ
すく(ない)
すこ(し)

いみ

すくない。へる。年《とし》がわかい。など。

少年《しょうねん》と少女《しょうじょ》の友《とも》だちと少《すこ》しあそんだよ。

▲スクショー

まほうつかいの弟子《でし》。ごはんは少《すこ》ししか食《た》べない。

多

6画《かく》

よみ
タ
おお(い)

いみ
おおい。たくさんある。

わたしも多《た》少《しょう》まほうをつかえます。

▲オータ

まほうつかいの弟子《でし》。いつもごはんを多《おお》く食《た》べる。

同

6画《かく》

よみ
ドウ
おな(じ)

いみ
おなじ。いっしょに。あつまる。なかま。

同《おな》じ学年《がくねん》ということは同《どう》きゅう生《せい》だ。

▲ドードー

まほうつかいの弟子《でし》。まほうつかいと同《おな》じ国《くに》の出《しゅっ》しんらしい。

半

5画《かく》

よみ
ハン
なか(ば)

いみ
はんぶん。真《ま》ん中《なか》。はんぱ。少《すこ》し。

大《おお》きなりんごを半《はん》分《ぶん》食《た》べたんだ。

▲ハーン

まほうつかいの弟子《でし》。まほうが半分《はんぶん》しかうまくいかないのがなやみ。

長

8画《かく》

よみ
チョウ
なが(い)

いみ
ながい。いつまでも。のばす。大《おお》きくなる。など。

ぼくの学校《がっこう》の校長《こうちょう》は話《はなし》が長《なが》かったよ。

▲チョースケ

まほうつかいのしまにすむ。長《なが》いかみの毛《け》にあこがれている。

太

4画《かく》

よみ
タ　タイ
ふと(い)
ふと(る)

いみ
ふとい。とても。大《おお》きい。など。

太《ふと》い丸《まる》太《た》を切《き》って家《いえ》をつくってみたよ。

▲フトタ

まほうつかいのしまにすむ。太《たい》ようの下《した》でうんどうをするのがすき。

細

11画《かく》

よみ
サイ
こま(か)
こま(かい)
ほそ(い)
ほそ(る)

いみ
ほそい。こまかい。わずか。くわしい。

ゆびが細《ほそ》いから細《こま》かい作《さ》ぎょうがとくいだよ。

▲サイサイ

まほうつかいのしまにすむ。あめ細《ざい》工《く》を作《つく》るのがとくい。

色

6画《かく》

よみ
シキ
ショク
いろ

いみ
いろ。顔《かお》いろ。もののようす。など。

いろいろな色《いろ》の色《しき》紙《し》に絵《え》をかいたよ。

▲シキさん

たびの画《が》家《か》。何万色《なんまんしょく》もある絵《え》のぐで絵《え》をかいている。

黒

11画《かく》

よみ
コク
くろ
くろ(い)

いみ
くろ。くらい。わるい。

学校《がっこう》の黒《こく》ばんは本当《ほんとう》は黒《くろ》くないね。

▲クーロン

まほうつかいのしまの森《もり》にすむ。黒《くろ》い木《き》のみをあつめている。

黄

11画《かく》

よみ
オウ
き

いみ
きいろ。

黄《き》色《いろ》と黄《おう》土《ど》色《いろ》の木《き》のみをひろったよ。

▲オーキ

まほうつかいのしまの森《もり》にすむ。黄《き》色《いろ》い木《き》のみをあつめている。

茶

9画《かく》

よみ
チャ

いみ
ちゃいろ。のみものの茶《ちゃ》。など。

茶《ちゃ》色《いろ》の木《き》のみでおいしいお茶《ちゃ》が作《つく》れる。

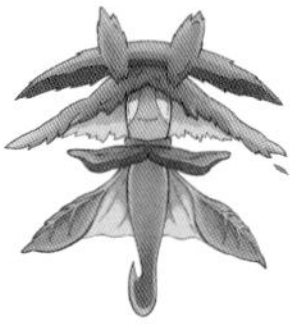

▲チャチャ

まほうつかいのしまの森《もり》にすむ。茶《ちゃ》色《いろ》い木《き》のみをあつめている。

点

9画《かく》

よみ
テン

いみ
小《ちい》さいしるし。あるきまったところ。一《ひと》つ一《ひと》つしらべる。など。

テストでいつも百《ひゃく》点《てん》まん点《てん》をとっていたよ。

▲テンテテン

まほうつかいのしまにすむ。つりばしを点《てん》けんするのがしごと。

線

15画《かく》

よみ

セン

いみ

糸《いと》のように細《ほそ》長《なが》いもの。さかい目《め》。道《みち》すじ。

紙《かみ》に直《ちょく》線《せん》と点《てん》線《せん》を書《か》いたよ。

▲センさん

まほうつかいのしまにすむ。紙《かみ》に線《せん》をかくのがしゅみ。

直

8画《かく》

よみ

ジキ　チョク

ただ(ちに)

なお(す)　なお(る)

いみ

まっすぐ。なおす。すなお。すぐに。など。

昼食《ちゅうしょく》の直《ちょく》後《ご》に正《しょう》直《じき》に話《はな》すよ。

▲チョクナオ

まほうつかいのしまの大工《だいく》。いろいろなものを直《なお》すのがとくい。

東

8画《かく》

よみ

トウ

ひがし

いみ

方《ほう》角《がく》のひがし。

東《とう》京《きょう》はふじ山《さん》の東《ひがし》にあるらしいな。

▲トーリュー

まほうつかいの家来《けらい》。東《ひがし》の方角《ほうがく》をまもっている。

西

6画《かく》

よみ

サイ

セイ

にし

いみ

方《ほう》角《がく》のにし。など。

東《とう》西《ざい》南《なん》北《ぼく》の中《なか》で西《にし》がいちばんすきさ。

▲サイタイガー

まほうつかいの家来《けらい》。西《にし》の方角《ほうがく》をまもっている。

南

9画《かく》

よみ
ナン
みなみ

いみ
方角《ほうがく》のみなみ。

南《みなみ》にあるのは、
あたたかい
南国《なんごく》だ。

▲ナンバード

まほうつかいの家来《けらい》。
南《みなみ》の方角《ほうがく》をまもっている。

北

5画《かく》

よみ
ホク
きた

いみ
方角《ほうがく》のきた。にげる。

北《きた》の空《そら》に
北《ほっ》きょく星《せい》が
あるぞ。

▲ホクガメ

まほうつかいの家来《けらい》。
北《きた》の方角《ほうがく》をまもっている。

方

4画《かく》

よみ
ホウ
かた

いみ
むき。やりかた。
四角《しかく》。どちらか一《ひと》つ。地《ち》ほう。など。

これから船《ふね》で
北《きた》の方角《ほうがく》に
むかうんだ。

▲カタホー

ミッツメしまの船《ふな》のり。船《ふね》のすすむ
方《ほう》こうをきめるしごとをしている。

万

3画《かく》

よみ
マン

いみ
まん。すべて。いろいろ。

わたしは
何《なん》万《まん》円《えん》も
もっているぞ。

▲ナウマン

ミッツメしまのおく万長《まんちょう》じゃ。
ときどき「方」のカンジュウと
まちがわれる。

形

7画《かく》

よみ

ギョウ
ケイ
かた
かたち

いみ

かたち。かたちづくる。ようす。

どんな形《かたち》の図《ず》形《けい》もすぐにかけるよ。

▲ギョーケイ

ミッツメしまの絵《え》かき。一《いち》ど見《み》たものはどんな形《かたち》でも絵《え》にかくことができる。

丸

3画《かく》

よみ

ガン
まる
まる(い)
まる(める)

いみ

まるい。まるいもの。ぜんぶ。

ボールは丸《まる》くておさらは円《まる》いよ。

▲まるちゃん

ミッツメしまにすむ。体《からだ》が丸《まる》くてころがりやすい。

自

6画《かく》

よみ

シ
ジ
みずか(ら)

いみ

じぶん。じぶんで。おもいのまま。ひとりでに。

ミッツメしまのゆたかな自《し》ぜんが自《じ》まんだよ。

▲ジブーン

ミッツメしまにすむ。しまの自《し》ぜんをまもる活《かつ》どうをしている。

活

よみ

カツ

9画《かく》

いみ

いかす。くらす。いきいきしている。

生活《せいかつ》に活気《かっき》が出《で》てきたよ。

▲カツカエル

まほうつかいのしまにすむ。活《かっ》ぱつなせいかく。

公

よみ

コウ

4画《かく》

いみ

おおやけ。かたよっていない。社会《しゃかい》。など。

早《はや》く大《おお》きな公園《こうえん》をつくりたいよ。

▲コーエン

まほうつかいのしまにすむ。りっぱな公園《こうえん》をつくるのがゆめ。

元

よみ

ガン
ゲン
もと

4画《かく》

いみ

もと。もととなるもの。はじめ。あたま。かしら。

木《き》の元気《げんき》がないから、ね元《もと》に水《みず》かけよう。

▲ゲンキ

まほうつかいのしまにすむ。いつでも元気《げんき》いっぱい。

何

よみ

なに
なん

7画《かく》

いみ

なに。どうして。

わたしは何《なん》でもできるまほうがつかえるよ。

▲ナニーカ

まほうつかい。とてもやさしくて、何《なん》でもできる力《ちから》をもっている。

おもな参考文献

『新レインボー小学漢字辞典 改訂第６版』加納喜光監修 Gakken
『チャレンジ小学漢字辞典 カラー版 第２版』桑原隆監修 ベネッセコーポレーション
『例解学習漢字辞典 第九版』藤堂明保、深谷圭助、白坂洋一、山本真吾編 小学館
『大漢和辞典 修訂増補』諸橋轍次、鎌田正、米山寅太郎著 大修館書店

監修

青木伸生

筑波大学附属小学校国語教育研究部教諭。全国国語授業研究会会長。教育出版国語教育編著者。日本国語教育学会常任理事。筑波大学非常勤講師。著書に『青木伸生の国語授業 ３ステップで深い学びを実現！　思考と表現の枠組みをつくるフレームリーディング』『青木伸生の国語授業 フレームリーディングで文学の授業づくり』『青木伸生の国語授業 フレームリーディングで説明文の授業づくり』『基幹学力をはぐくむ「言語力」の授業』（いずれも明治図書出版）、共著に『個別最適な学びに生きる フレームリーディングの国語授業』（東洋館出版社）ほか多数。

ストーリー・カンジュウキャラクター原案
太田守信

カンジュウキャラクターイラスト
あいかわ　蒼衣うる　あおなまさお　小豆もち　飴屋やぎ太
ありすましん　淡ヰ地球。うさぎぶぶひめ　ウチツカサ
鱓ロイド　キッチンの妖精　句点　佐藤たかみ　スペード A
soiree　とーえ。　畔ひとね　ゆりのはな（あいうえお順）

カンジュウキャラクターイラスト協力
株式会社サイドランチ

本文イラスト　iStock
編集協力　上村ひとみ
ブックデザイン　百足屋ユウコ（ムシカゴグラフィクス こどもの本デザイン室）
本文レイアウト　阿部ともみ（ESSSand）
編集デスク　野村美絵
編集　大宮耕一

読《よ》んでワクワク！
おはなし漢字《かんじ》じてん

漢《かん》字《じ》の国《くに》の大《だい》ぼうけん

二《に》年《ねん》生《せい》

2023年　3月30日　第1刷発行

監　修　青木伸生
編　著　朝日新聞出版
発行者　片桐圭子
発行所　朝日新聞出版
〒104-8011
東京都中央区築地5-3-2
電話　03-5541-8833（編集）
03-5540-7793（販売）
印刷所　大日本印刷株式会社

Published in Japan by Asahi Shimbun Publication Inc.
ISBN 978-4-02-332241-7

定価はカバーに表示してあります。

落丁・乱丁の場合は弊社業務部（03-5540-7800）へご連絡ください。
送料弊社負担にてお取り替えいたします。